富营养化水体中蓝藻水华的营养盐生态阈值研究

高浚淇 著

燕山大学出版社
·秦皇岛·

图书在版编目（CIP）数据

富营养化水体中蓝藻水华的营养盐生态阈值研究/高浚淇著．—秦皇岛：燕山大学出版社，2020.6（2026.1 重印）

ISBN 978-7-5761-0000-6

Ⅰ．①富… Ⅱ．①高… Ⅲ．蓝藻纲－藻类水华－藻营养盐－研究 Ⅳ．①P734.4

中国版本图书馆 CIP 数据核字（2020）第 087814 号

富营养化水体中蓝藻水华的营养盐生态阈值研究

高浚淇 著

出 版 人：陈　玉
责任编辑：李　冉
封面设计：刘韦希
出版发行：燕山大学出版社 YANSHAN UNIVERSITY PRESS
地　　址：河北省秦皇岛市河北大街西段 438 号
邮政编码：066004
电　　话：0335-8387555
印　　刷：廊坊市印艺阁数字科技有限公司
经　　销：全国新华书店

开　　本：710mm×1000mm　1/16　　印　　张：11.75　　字　　数：148 千字
版　　次：2020 年 6 月第 1 版　　印　　次：2026 年 1 月第 2 次印刷
书　　号：ISBN 978-7-5761-0000-6
定　　价：48.00 元

内容简介

水体的富营养化问题在我国日益严重，其产生的藻类水华现象严重地破坏了水体的生态系统，并对周围居民的饮用水安全和生命健康产生巨大威胁。近些年来与蓝藻水华直接相关的营养盐的过量释放成为研究的热点。本研究基于营养盐的生态阈值问题，从不同层面的营养盐氮磷微量输入与湖泊蓝藻水华响应关系入手，通过大量室内和现场实验最终形成一套系统的蓝藻水华发生的氮磷营养盐阈值的生态学研究方法和数值。

前 言

富营养化水中蓝藻水华是水生态环境领域中遇到的突出问题和热点难题。近年来，随着我国人为活动产生的过量氮（N）、磷（P）等营养物质进入湖泊水体，导致湖泊富营养化趋势加重，水质不断恶化，蓝藻水华频发，特别是铜绿微囊藻水华在我国近些年来尤为常见。藻华对湖泊的影响和危害十分巨大，不仅影响水体美观，破坏了生态系统的平衡，而且蓝藻产生的藻毒素危害到人类饮用水的安全和健康。国内外学者对富营养化水体中蓝藻水华从概念、评价方法、发生机制和预测模型等方面进行了大量的研究，但是对富营养化水体中蓝藻水华发生的营养盐阈值方面的研究仍不充分，且方法结论不统一，影响了富营养化水体中蓝藻水华的评价和防治。

目前国内外学者普遍认为营养盐过量释放与蓝藻水华的发生直接相关，然而在湖泊蓝藻水华发生的生态过程中，湖泊藻类生长的营养盐限制因子该如何确定？藻华的营养盐的阈值是否存在？如存在，如何确定营养盐阈值浓度和蓝藻水华的生态响应之间的关系？由于实际湖泊中局部湖湾的营养盐浓度往往比全湖平均值高很多，是否局部湖湾的营养盐阈值也存在差异？为了解决以上问题，本书首先探讨了富营养化湖泊中，营养盐的阈值与标准的区别，并阐述了蓝藻水华的营养盐生态阈值的含义。然后从生态学角度，通过不同层面的营养盐氮磷微量输入与湖泊蓝藻水华响应关系入手，设计了我国湖泊中蓝藻水华的优势藻种——铜绿微囊藻的内氮内磷阈值实验，模拟了湖泊水体、湖泊水体+沉积物两种不同水体系统中的蓝藻水华的室内外静态实验，和在不同水体流速下蓝藻水华的实验室动态实验，同时针对我国湖泊富营养化最具代表性之一的滇池西北部湖湾，设计并优化了现场的营养盐富集生物法和营养盐削减生物法实验，以探究该水域的蓝藻水华发生的氮磷生态阈值。本书通过以上的大量室内和现场实验最终形成一套系统的蓝藻水华发生的氮磷营养盐阈值的生态学研究方法和数值，以求能够为我国湖泊日益严重的蓝藻水华问题寻找突破口，为我国湖泊蓝藻水华的发生机理机制和控制提供依据，并对同类水体的蓝藻水华研究起到借鉴作用，以便能够及时采取更加科学合理的措施来控制蓝藻水华，降低其产生的环境、社会和经济效益的损失。

受水平所限，书中难免出现疏漏，欢迎广大读者批评指正。

目　　录

第 1 章　绪论 1
1.1 研究背景 1
1.1.1 我国湖泊富营养化的现状 1
1.1.2 我国湖泊富营养化的污染源分析及影响因素 3
1.1.3 蓝藻水华与富营养化 7
1.1.4 蓝藻水华的营养盐阈值研究进展 16
1.2 研究目的和意义 28
1.3 研究内容 31
1.4 研究的技术路线 33

第 2 章　材料与方法 35
2.1 主要实验器材装置与药品 35
2.2 藻种的培养与水样的处理 41
2.2.1 供试藻种 41
2.2.2 培养基 41
2.2.3 藻种的扩培 42

2.2.4 实验水样的处理 42
2.3 测试指标与测试方法 44
2.3.1 物理指标 44
2.3.2 化学指标与生物指标 44
2.3.3 数据的分析方法 46

第 3 章 蓝藻生长的细胞内氮磷营养盐阈值研究 47
3.1 实验设计 48
3.2 铜绿微囊藻磷代谢动力学与内磷阈值 49
3.3 铜绿微囊藻氮代谢动力学与内氮阈值 53
3.4 本章小结 58

第 4 章 蓝藻水华的营养盐生态阈值的静动态研究 60
4.1 蓝藻水华室内静态营养盐生态阈值实验 61
4.1.1 实验设计 61
4.1.2 蓝藻水华的生态响应 64
4.1.3 沉积物对蓝藻水华发生的营养盐作用分析 66
4.1.4 蓝藻水华的生态动力学研究 70
4.1.5 氮磷营养盐生态阈值 71
4.2 蓝藻水华室外静态营养盐生态阈值实验 80
4.2.1 实验设计 80
4.2.2 蓝藻水华的生态响应 82
4.2.3 沉积物对蓝藻水华发生的营养盐作用 84

4.2.4 蓝藻水华的生态动力学研究 89

4.2.5 氮磷营养盐生态阈值 91

4.3 蓝藻水华动态营养盐生态阈值实验 100

4.3.1 实验设计优化 100

4.3.2 蓝藻水华的生态响应 101

4.3.3 沉积物对蓝藻水华的营养盐作用 103

4.3.4 蓝藻水华的生态动力学研究 108

4.3.5 氮磷营养盐生态阈值 110

4.4 本章小结 118

第 5 章 蓝藻水华的营养盐生态阈值的湖泊现场研究 121

5.1 研究区域 121

5.2 营养盐阈值生态学方法优化研究 122

5.2.1 生态学实验点设置 122

5.2.2 生态学实验装置 124

5.2.3 生态学方法优化 125

5.3 营养盐富集生物法阈值研究 126

5.3.1 实验设计 126

5.3.2 蓝藻水华的生态响应 130

5.3.3 蓝藻水华的生态动力学 134

5.3.4 氮磷营养盐生态阈值 135

5.4 营养盐削减生物法阈值研究 139

5.4.1 实验设计 139

5.4.2 蓝藻水华的生态响应 142
5.4.3 氮磷营养盐生态削减值 143
5.5 本章小结 146

第6章 结论与展望 148
6.1 研究的结论 148
6.2 研究的创新点 153
6.3 研究的展望 154

参考文献 156

第 1 章　绪　论

1.1 研究背景

1.1.1 我国湖泊富营养化的现状

随着人类行为活动在湖泊流域的大量增加，氮磷等营养盐通过不同循环途径进入到湖泊水体中，使得湖泊水体中营养盐不断积累的问题成为全世界各地人们关注的热点[1]。总体来说，湖泊富营养化是指湖泊由于人为输入过量的氮磷等营养盐，导致浮游植物过度生长，引起水质恶化、水体透明度和溶解氧下降，促使湖泊老化，从而破坏湖泊生态系统 [2]。

根据全球调查，湖泊的富营养化问题已存在很长历史，从 20 世纪 60 年代开始，随着发达国家（如美国、欧洲）经济社会高速发展，相应的湖泊富营养化现象随之产生，对饮用水安全造成严重的危害。湖泊富营养化现象引起了这些发达国家的高度重视并投入大量的研究工程项目，经过几年甚至十几年的控制，才使湖泊富营养化问题有所缓解[3]。

随着我国经济的不断高速前进，城市化进程不断加快，大量 N 和 P 等营养盐进入湖泊、水库等，产生水体富营养化现象。我国人均水资源仅占世界平均水平的 1/4，属于缺水国家，然而同时，我国可利用的湖泊富营养化污染严重，加剧了我国水资源短缺的局面。

根据环境保护部提供的 2014 年环境公报数据[4]显示，我国现有湖泊 2000 多个，占我国国土面积的 0.95%。2014 年，全国 62 个重点湖泊（水库）中，水质为优良、轻度污染、中度污染和重度污染的重点湖泊（水库）分别为 47、13、2 和 0 个。主要污染指标为总磷（TP），化学需氧量（COD）和高锰酸钾指数。2014 年重点湖泊水质状况情况如表 1-1 所示。

表 1-1 2014 年全国重点湖泊（水库）水质状况

湖泊（水库）类型	优（个）	良好（个）	轻度污染（个）	中度污染（个）	重度污染（个）
三湖*	0	0	2	1	0
重要湖泊	4	21	9	1	0
重要水库	7	15	2	0	0
总计	11	36	13	2	0

*三湖指太湖、滇池和巢湖

从表 1-1 中可以看到我国占重要地位的三湖中，滇池水质状况最为严重，属于中度污染，其水质状况相较前几年并无明显改善，总体上为中度富营养化湖泊；太湖和巢湖水质状况为轻度污染，水质相比无明显改善，均属于轻度富营养化水体。总体来说，由于我国面源污染严重，农村水污染问题日益突出，加上近几年城市内涝污染加剧，因此我国湖泊富营养化现状仍不容乐观。

湖泊富营养化的危害主要包括以下几个方面[5,6]：一是富营养化使水体水质变差；二是湖泊水体中溶解氧下降；三是破坏湖泊水体的生态系统，同时降低鱼类等生物多样性，使天然湖泊水产资源遭到破坏；四是降低湖泊水体的旅游观赏价值和潜在经济效益，水产品的养殖也受到严重威胁；五是对饮用水安全和人体健康造成威胁。湖泊发生富营养化时，大量的蓝绿色可见絮状物漂浮在水面，经水波冲击聚集至湖湾，长期积累腐烂产生异味，并间接导致湖泊供水成本升高，降低饮用水的质量，对人类健康产生危害。因此，对湖泊富营养化的研究和治理具有重要战略意义。

1.1.2 我国湖泊富营养化的污染源分析及影响因素

自古以来地球陆地表面凹凸不平，地球上雨水及融化后的冰川、雪等会在地心引力的牵引作用下聚集到陆地较低的洼地区域，逐渐积累变成湖泊。从地理上来说，湖泊、江河等水体流域拥有更加优越的生态系统和气候条件，使得这些流域成为人类经济和社会发展的中心地带。然而相应地，随着人类对湖泊开发利用活动逐步增加，大量的人为污染物质也通过排污系统和地表径流进入湖泊，导致湖泊不可避免地成为人类活动污染物，如营养盐、重金属、可持续性有机物等的主要收纳体之一。这些人为污染物质在湖泊水体中发生一系列复杂的变化，其中湖泊的富营养化便是水体中氮磷营养盐大量富集的生态响应[7,8]。总体来说，湖泊的富营养化包括天然富营养化和人为富营养化过程。

1.1.2.1 湖泊的天然富营养化

在远古年代，地球上的湖泊尚处于贫营养状态，随着地表径流、降水、风化、有机体的死亡分解等等各种动态过程使得湖泊中天然状态的营养盐不断积累，部分湖泊中的水质逐步演变成富营养状态。在自然条件下，湖泊的富营养化产生源于以下几方面：一是通过降水使得大气中的氮磷输入到湖泊；二是通过降雨的冲刷、冰雪的融化，陆地上土壤中的氮磷跟随地表径流进入湖泊；三是湖泊中生态系统的有机体死亡，分解后产生氮磷释放到湖水中。这些生化过程十分缓慢，随着湖水中的氮磷逐渐增加，水生植物以及浮游生物的营养供应充足，生长繁殖加速，使得湖泊生态系统多样性更加丰富[9]。

1.1.2.2 湖泊的人为富营养化

随着人类经济和技术的进步，人类行为活动对自然系统的影响越来越大，大量人为营养物质进入湖泊水体，促使湖泊向富营养化的进程加快[10]。

（1）在农村地区，由于缺乏专业的污水处理系统和环境管理，含有化肥农药残留的氮磷营养盐的大量农业污水、农村生活污水和养殖废水以人为倾倒和地表径流的形式进入湖泊，使得湖泊中的营养盐浓度急剧增加，在短短几年内便能使该流域的湖泊进入富营养化状态[11]。

（2）在人口集中的城市地区，携带大量氮、磷物质的生活污水，工业废水排放进入湖泊，导致湖泊水体中营养盐浓度剧增；特别是随着我国城市化进程的加快，越来越严重的城市内涝增加了城市污水和工业废水流入湖泊、河流的地表径流，使湖泊、河流等水体的营养盐在短期陡增，促使了水体富营养化的发生[12]。一是城市建设中占用大量自然水体，填充湖泊、河、塘等水体，使中国城市的自然水体调蓄能力损失殆尽，剩下的湖泊等水体成为了氮磷营养盐的主要蓄积地；二是在城市化进程中，中国城市的渗水地面大面积转化成硬质地面，如柏油路、水泥路面，这些硬质材料降雨时水渗透性不好，不容易入渗。导致城市可渗水地面减少，地表径流增加，汇集速度加快，使地表径流中的氮磷营养盐加速流入湖泊等水体中，促使富营养化的发生。三是中国城市的有利于降雨排水的天然水系水网被碎片化。许多城市内的河流被填充、被断流、被改道，造成城市水系空间分布改变，最终造成水网碎片化，使得氮磷营养盐无法在原有生态系统中迁移和转换，只能不断累积直至水体的富营养化发生，蓝藻水华不断演变和发生。

（3）通常将湖泊富营养化的途径按照污染源分为内源污染源和外源污染源[13]。其中，内源污染源主要是由于湖泊中沉积物的释放，湖泊底部底泥会在动态变化下不断地吸附氮磷，在不同环境条件下重新释放回水体中。外源污染源包括点源污染和面源污染。点源污染一般指营养盐经过特定排污口，聚集集中进入湖泊水体，例如城市生活污水、工业废水等；面源污染一般指营养盐污染物通过大面积流域内的雨水冲刷，地表径流等输入到湖泊水体，例如城市内涝等[14]。湖泊富营养化污染源分析表如表 1-2 所示。

表 1-2 湖泊富营养化污染源分析

内源污染	污染方式	底泥释放
外源污染	点源污染	生活污水，工业废水，养殖废水等
	面源污染	城市内涝，地表径流，农田灌溉，牲畜，粪便，养鱼投放，林地冲刷，农村生活污水等

1.1.2.3 湖泊富营养化的影响因素

1. 浮游植物

1983 年丹麦著名生态学家 Jorgensen 提出湖泊富营养化的核心是浮游植物的过量生长[15]。在适宜浮游植物生长的光照和温度条件下，湖泊中藻类生长繁殖加速，布满水面形成水华，湖泊中的沉积物会吸附水中的氮磷营养物质，而当水华消失后，湖泊水体中沉积物又会释放的氮磷营养盐进入水体来作为生态系统中其他藻类的营养来源，形成下一次水华 [16]。在藻类中，Chl-a 通常是初级生产力的生物学指标，能客观反映藻类的生物量，因而常常被用来作为表示湖泊水体营养化程度的重要指标[17]。

2. 营养盐

湖泊富营养化发生基础是氮磷营养盐。多数湖泊区域浮游植物的生长为 N、P 营养盐限制，N 和 P 作为评价湖泊富营养化状态的重要参考指标，往往能反映和衡量湖泊水体中生态系统的生产力的大小。N、P 营养盐浓度和其比例与水体富营养化发生有直接关系[18]。很多国内外文献[19-21]表明，在大多数湖泊、水库和河流中，水体中 N、P 营养盐都是水体初级生产力的关键因子，并且往往 N 和 P 限制的湖泊水体中，P 通常为最主要驱动变量，TP 和 Chl-a 在一定范围内呈线性关系。同时当水体 N、P 比值在 10：1 到 25：1 之间，Chl-a 与 N、P 营养盐浓度也有较明显的线性关系，而当 N、P 的比值在 12：1 左右则为水体中藻类最适宜的生长范围。但是，有些文献研究也表明，水体中藻类生物量和 N、P 营养盐之间存在非线性的关系[22]，比如在河流中的底栖藻类往往和 TN 浓度呈线性关系，却和 TP 之间出现多项式的非线性关系。水体中藻类生长和 N、P 之间不同的生态响应关系通常是由于 N、P 营养盐和湖泊水体中的 pH、水温、溶解氧、氧化还原电位等环境因素的综合的交互作用产生的[23]。由于这些非 N、P 营养盐类环境因素在一定程度上和一定范围内影响营养盐与蓝藻生长的生态响应，因此水体中的富营养化的影响因素变得十分复杂。

3. 其他变量

氮磷营养盐是造成湖泊水体富营养化的营养基础，但通常来说不是唯一的决定性因素，往往湖泊水体的水文和气象等条件也会主导富营养化现象的产生。文献表明，在水体的水文、气象、环境条件不适宜的情况下，即使氮磷营养盐浓度很高，依旧没有出现浮游植物大量繁殖的现象。因此，从生态学角度来说，湖泊水体富营养化的发生不仅需要适宜的藻类生长的氮磷营养盐条件，而且与藻类生长的生态环境条件息息相关 [24]。

1.1.3 蓝藻水华与富营养化

1.1.3.1 蓝藻水华的定义

科学界认为水体中的水华通常是在富营养化条件下才会发生，且具有明显的短期波动性，所以藻类水华的发生是反映湖泊富营养化最直观的特征现象。在湖泊水库等水体中，富营养化的主要特征常常是藻华的形成[25]。

通常来说，水华是指在富营养化水体中，藻类等主要浮游植物大量生长，加速繁殖，其藻类生物量会在短时间内增加，并大量聚集且上浮到水体的表层，形成肉眼可见的带有不同颜色特征的絮凝状聚积体。根据文献，不同的水文水质条件下湖泊等水体会形成不同的优势藻种，且不同的优势藻种在水表面表现的颜色也不尽相同，所以湖泊表面往往在藻华的演变和发生时会呈现出不同的特征颜色[26]。

在我国富营养化湖泊中，蓝藻水华是最为常见和污染最严重的，成为我国水华领域研究最多的一种藻类水华，其中特别是铜绿微囊藻的水华问题在我国尤为突出。蓝藻水华产生的危害是十分严重的，主要是以下几个方面：一是湖泊生态系统遭到破坏。蓝藻水华的演变和发生即水体中蓝藻大量繁殖并且上浮聚集在湖泊水体表面，阻碍阳光直射到湖泊水体，负面影响了湖泊水体中的沉水植物的光合作用，降低水生动物的正常生命活动，导致湖泊生态系统中生物多样性逐步下降。同时，当大量的水华蓝藻藻体死亡分解时，会大量消耗水体中的溶解氧，湖泊水体中的鱼、虾、贝类等水生动物和其他沉水植物因为缺乏溶解氧而死亡，水质发生恶化，破坏了湖泊的生态系统并丧失湖泊的资源可利用性，造成人类的经济效益和社会效益的双重损失[27]。二是严重影响湖泊观赏景观性能。当蓝藻水华发生时，湖泊水体底层会逐步缺少溶解氧而处于厌氧状态，湖泊水中微生物会在厌氧条件下加速分解水体中的死亡有机体，导致刺激性气体产生，散发到湖面空气上层，随风传播。同时，水华发生后，蓝藻藻体会大量聚集上浮到湖泊水表面，湖泊表面水体成为带有蓝绿色的特征色的黏稠絮凝状物，且伴随泡沫产生，影响美观，极大地造成湖泊的旅游价值和观赏价值下降和损失[28]。三是影响湖泊周边的居民生活用水和健康安全。蓝藻水华会同时提高水体中 COD、BOD、SS 等的浓度，从而加大供应饮用水的成本，导致以湖泊作为饮用水源地区的周边居民供水的危机[29]。同时蓝藻等藻类会产生藻毒素，在蓝藻的生长代谢过程中，藻体细胞会破裂并释放藻毒素到水中从而污染饮用水。根据文献研究，藻毒素具有十分严重的致畸、致癌、损害免疫系统等作用，对人类健康、家禽养殖的安全等产生极大的安全隐患；可见，蓝藻水华释放的藻毒素对人类的健康具有巨大潜在性威胁[30]。

1.1.3.2 蓝藻水华的发生机理研究现状

根据目前国内外研究表明，蓝藻水华的演变和发生与多方面的因素有关，水体客观环境会在不同程度上对蓝藻的生长产生影响，例如水温、光照强度、风浪流速等可以直接对蓝藻的生命活动产生作用，同时湖泊的水文和地理气候条件则会影响蓝藻和水体中其他竞争者的种群结构。众多关于蓝藻水华形成机理研究的文献表明，蓝藻的生长及其水华的演变和发生与 N、P 营养盐对蓝藻的生长繁殖有着关键作用[31]，如图 1-1 所示。从生物化学的角度来说，N 和 P 是蓝藻生长的必需元素。P 是一个关键的能源载体（例如细胞中的 ATP），并且在藻细胞内蛋白质合成方面与核糖体 RNA 的运转方面息息相关，而 N 对于这些蛋白质的结构单元是十分必要的。同时，研究表明蓝藻进行光合作用、呼吸作用、酶系统的活化、能量转化等生命活动过程均离不开细胞内磷的参与[32]。

另外，蓝藻自身的生态特性对其在种群竞争中保持优势地位十分有利，即在恶劣的自然环境条件下，蓝藻可以在黑暗和厌氧的水体下层部位聚集，并转变成休眠状态，而当外界条件满足复苏状况的时候，便逐渐上浮并开始加速生长直至水华演变和发生[33]。

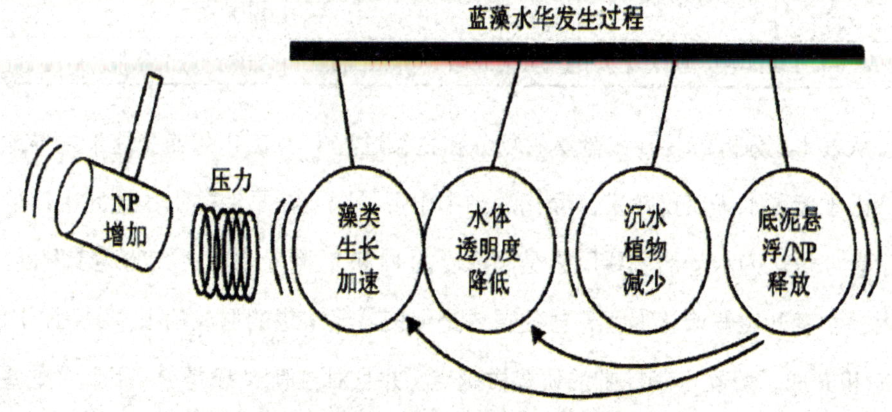

图 1-1 营养盐对蓝藻水华的驱动机理[31]

孔繁翔等国内学者在研究大型浅水富营养化湖泊中水华发生的机理时，根据对太湖的蓝藻演变和水华形成过程的野外原位观测分析，提出了蓝藻水华发生的四阶段理论假设，如表 1-3 所示。在大型浅水湖泊如太湖中，蓝藻的生态变化过程包括休眠、复苏、生物量增加、上浮和积聚形成水华等 4 个阶段，并且在 4 个阶段中蓝藻的生命现象特征和主导生态因子各不相同[34]。目前蓝藻水华四阶段理论受到国内不少学者的认可，但是该理论并没有完全探明蓝藻演变和水华形成过程中各个因子的影响程度，且由于蓝藻水华形成的机制十分复杂，因此至今国内外仍然没有完全统一认可的形成机制研究。

表 1-3 蓝藻生长及水华形成的主要阶段及主导影响因子[34]

时间（月）	生理阶段	生命现象特征	主要控制因子
11—2	衰亡，休眠	代谢基本停止	低温与黑暗
3—4	复苏	生理，生化活性缓慢恢复，群体形成	温度，溶解氧，营养盐
4—9	生物量增加	各项生命活动，细胞生长繁殖	光合作用所需要的能量物质
5—10	上浮，积聚	气囊与胶鞘	气象，水文条件

从表 1-3 分析可看到在蓝藻的复苏和生长过程中，N、P 营养盐处于主导地位。由于蓝藻水华仅仅在富营养化湖泊中出现，因此在早期的水华研究中，很多学者分析认为水华的主要原因是高浓度的 N 和 P。随着水华研究的逐步发展，国内外学者开始普遍认为营养盐的释放是促使蓝藻水华的形成的根本原因，因此 N 和 P 成了蓝藻水华控制的研究关键点，并且对控制 N 还是 P，哪个更重要引起争论。

在早期的一些学者的研究中认为磷是水体初级生产力的主导限制因素，并且作为底物或调节物直接参与藻类的光合作用的每个生态环节。首先，根据藻类的化学成分分析，将藻类的“经验分子式”记作 $C_{106}H_{263}O_{110}N_{16}P$，再依照最小因子法就推出藻类生长第一限制性因子可能是 P [35]。P 在藻细胞内的能量传递和核酸合成的生理过程中，一般是以 HPO_4^{2-}和 $H_2PO_4^-$的形式被吸收，同时藻细胞 P 的消耗与藻细胞内的 P 浓度、Na^+、Mg^{2+}等离子浓度、温度和 pH 直接相关[36]。研究发现藻类对水体中正磷酸盐的吸收有累积效应，水体中的可溶性正磷酸盐（SRP）是藻类可直接利用的 P 源，而其他形态的 P 则较少利用，约有四分之一的溶解性总磷（TDP）是不能被藻类直接生物利用的，而水体中颗粒态的 P 则可以经过生物转化作用被藻类吸收[37]。最早在 1974 年，有学者[38]在加拿大的湖泊进行长期的实验，结果表明 P 是造成湖泊富营养化的关键因子。然而之后的国内外学者的研究发现[39]，在美国的 Apopka 湖、George 湖、Okeechobee 湖、日本的霞浦湖和中国的太湖、东湖，只对 P 进行控制并没有解决湖泊富营养化问题。

随着水华限制因子不断地研究，国内外学者逐渐发现，N 在水体富营养化中也同样起着关键作用。有学者[40]在我国的湖泊实验发现，在沉积物内源负荷较重的湖泊蓝藻水华发生更容易被 N 限制。最近研究表明水体中藻类对不同形态的 N 的吸收也同样存在差异，在 NO_3^--N 和 NH_4^+-N 同时存在的水体中，藻类会优先吸收 NH_4^+-N，且 NH_4^+-N 对于藻类吸收 NO_3^--N 具有一定的抑制作用，另外 NO_3^--N 的吸收速率通常比 NH_4^+-N 小[41]。另外，有些学者认为不同种类的藻类对 NO_3^--N 和 NH_4^+-N 的吸收可能具有选择性[42]。

另外，一个存在巨大争议的问题就是蓝藻水华过程中 N 和 P 浓度的比值。Redfield 指出水体中可利用性的氮磷比大于 16:1 时，P 通常是限制性因子；反之，如果小于 16:1，则 N 变成限制性营养盐[43]。然而也有不少研究者认为氮磷比不是蓝藻水华发生的条件，而是其演变和发生后的结果[44]。

另外，有学者从湖泊的外源和内源营养盐的角度研究，认为 P 的地球生物化学循环是不完全循环状态，即当 P 输入到湖泊水后被沉积物吸附，只有一小部分释放回湖水中，然而释放回湖水的 P 远不够补偿湖水中原有的 P 损失，所以 P 成为湖水中第一限制营养盐[45]。但是，国内一些研究者通过分析表明在大型的浅水湖泊的富营养化进程的初期，藻体的生物量与 P 浓度同步增大，此时 P 是湖泊藻类生长限制营养盐，但随着湖泊达到富营养化阶段时，P 被湖泊沉积物吸附，在湖泊水体环境动力的驱动下，P 可能又全部释放回湖水中，此时的 P 很可能不是湖泊中蓝藻水华的限制营养盐[34]。

1.1.3.3 铜绿微囊藻与营养盐的生态学吸收特性

1. 铜绿微囊藻生态学特征

铜绿微囊藻是属于蓝藻门，色球藻科，微囊藻属，属于非固氮类蓝藻。在暴露在强烈太阳光强下的自然水体中，微囊藻通常是以群体的形态存在，藻细胞壁外有一层特别的由很多黏性的多糖组成的胶质鞘包裹，使得藻细胞大量聚集成群体，能使微囊藻以群体形态增大其体积，增强了对恶劣环境的抵抗能力，为微囊藻在天然水体中生长提供了一个更安全的环境。同时胶鞘内含有丰富的可维持微囊藻生长营养物质。在实验室培养基条件下，由于微囊藻处于低光照环境，因此藻细胞不含有一层胶鞘，且主要以单体细胞的形态存在于实验室水体中[46]。

另外铜绿微囊藻细胞的结构内部有一种十分特别的伪空结构，这种伪空胞结构是由亲水性的外层膜和疏水性的内层膜共同形成的中间充满气囊的空腔，因此藻细胞可以通过伪空结构调节自身在水体中的浮力以达到控制自身在水层中的垂直移动。微囊藻的生物量增大之后逐步向水表面上浮聚集，这个生态过程正是蓝藻水华形成的关键过程。同时铜绿微囊藻含有比水密度大的由蛋白质、碳水化合物等组成的内部物质，用来控制藻细胞在水体中下沉。当湖泊水中蓝藻大量生长，加速繁殖聚集在一起的时候，在一定的光照强度和水温等外界条件的影响下，蓝藻的伪空结构会相应地开始发挥作用，促使大量蓝藻不断上浮到水体表面，形成肉眼可见的藻华现象；当蓝藻藻体死亡的时候，其伪空结构也相应破坏，导致死亡的藻细胞下沉到水底[47]。

2. 铜绿微囊藻对水中氮磷营养盐的吸收特性

（1）水体中的氮磷营养盐

磷（P）是藻类的细胞核酸、核蛋白和磷脂的主要构成成分，是藻类必需的关键元素。P 在藻体内参与新陈代谢以及能量转换过程，对藻类的生长和繁殖起着关键作用[48]；随着 P 作为蓝藻生长的限制性营养盐的认识加强，各国学者对 P 与蓝藻生长的机理机制越来越重视。

通常来说，水体中的磷包括总磷（TP）、总溶解性磷（TDP）、溶解性反应磷（SRP）、颗粒磷（PP）、有机磷（OP）[49]；TDP 通常是以不同形态的正磷酸盐的形式存在，其形式主要有 PO_4^{3-}、HP_4^{2-}、$H_2P_4^{-}$，且几乎都能被藻类直接吸收利用；在水体中，聚合磷酸盐的形式主要有 $P_2O_7^{4-}$、$P_3O_{10}^{5-}$、$HP_3O_9^{2-}$，且同样可被藻类吸收利用；在水体中，溶解性有机磷不能被藻类直接吸收利用，但可以转换成溶解性正磷酸盐后被吸收。根据研究显示，水中的可溶性正磷酸盐的浓度与水中碱性磷酸酶的活性存在相关性关系[50]，随着反应磷浓度降低到一定范围的时候，水中碱性磷酸酶的活性会加强并促进可溶性有机磷水解成反应磷，从而增加反应磷的浓度；反之，在水中活性磷的浓度增加超过一定范围之后，碱性磷酸酶的活性会反之受到抑制并降低可溶性有机磷分解，可溶性有机磷的浓度也随之升高。P 在大自然的循环是沉积型循环[51]，也就是指进入水体中的 P 通常沉积到水体的沉积物中储备，不能及时对淡水中的 P 损失进行补给，因此多数的淡水水域呈现缺 P 的状态。非污染的天然水体中 TP 的浓度通常为 0.010~0.05 mg/L，随着人类活动的干扰作用，储备在水体中沉积物的 P 在一定的条件下释放回上覆水体，促使水体富营养化的发生。

水体中的氮包含无机氮和有机氮两个部分。水中的无机氮通常分为氨态氮（或氨氮）和硝态氮。水中的氨态氮分为游离氨态氮 NH_3-N 和铵盐态氮 NH_4^+-N；水中的硝态氮分为硝酸盐氮 NO_3^--N 和亚硝酸盐氮 NO_2^--N。水中的有机氮通常有尿素、氨基酸、蛋白质等。水中的溶解性有机氮通常主要是尿素和蛋白质并在一定条件下通过氨化等作用转换为氨态氮[52,53]。

（2）藻类对氮磷的吸收

根据研究[54-56]表明，通常藻类可直接利用的水体中的磷源是可溶性的无机磷，也可以用可溶性反应磷（SRP）表示。铜绿微囊藻对 P 的吸收包括两个过程。第一个过程是，在外界的 P 含量较高时，外界 P 通过扩散作用进入藻细胞，这个过程是物理吸收过程；第二个过程是，当外界 P 含量较低时，藻细胞呈现 P 饥饿状态，P 通过主动运输并伴随能量消耗的方式进入藻细胞。而铜绿微囊藻属于非固氮藻，通常藻类可直接利用的水体中的氮源是可溶性的无机氮（DIN），对 N 的吸收方式主要是以铵盐或硝酸盐的形式通过主动运输作用进入藻细胞。在假设的藻水生态系统，存在着两个理想平衡，一个是蓝藻代谢动力学平衡，属于蓝藻与外界水体之间的理想平衡，另外是水体中自身营养盐动态平衡。

1）细胞内磷（氮）与 Droop 方程

细胞内 P（N）与蓝藻的生长通常有直接的响应关系，当水体中的外界的磷酸盐（氮盐）浓度较低的时候，藻细胞会开始利用储备在细胞内的 P（N），在短期内维持藻类的稳定生长。

Droop 认为[57]藻类对外界的氮磷营养盐会发生过度的吸收，藻细胞内可累积氮磷营养盐，将藻类生长的速率和细胞内部氮磷营养储额结合建立 Droop 模型；公式如下：

$$\mu = \mu_{max} \cdot \left(1 - \frac{Q_0}{Q}\right) \tag{1-1}$$

式中，μ 为藻细胞的比增长率；μ_{max} 为最大比增长率；Q 为细胞内氮磷浓度；Q_0 为细胞内份额最低值。

比增长率计算公式，如下式[58]：

$$\mu=\frac{\ln X_2-\ln X_1}{t_2-t_1} \tag{1-2}$$

式中，X_2为某一时间间隔节点时的藻类的生物量；X_1为某一时间间隔初始时的藻类生物量；t_2-t_1为时间间隔。

国外学者[59]研究发现微囊藻的比增长率与细胞内 P 浓度的确是符合 Droop 模型方程的。除此之外，为了衡量藻细胞 P（N）营养盐存储能力，通过将藻细胞内 P（N）与藻密度的值相比便得到细胞内份额 P（N）。

2）细胞外磷（氮）与 Monod 方程

根据文献发现，当外界 P（N）含量在一定范围时，藻细胞的生长速率与细胞外 P（N）浓度同步增加。Monod 方程适合描述在 P（N）限制的水体环境中，藻细胞外 P（N）浓度与蓝藻生长速率之间的关系[60]。Monod 模型如下所示：

$$\frac{\mu}{\mu_{max}}=\frac{[S]}{K_s+[S]} \tag{1-3}$$

式中，μ_{max}为饱和浓度下的最大比增长速率，S为水中限制性的底物浓度；Ks为半饱和常数，其值为$\mu=\mu_{max}/2$时底物浓度。由于藻类存在过度地吸收P(N)，因此在研究藻类生长 P（N）浓度的响应关系时，应同时考虑到细胞内 P（N）与细胞外 P（N）之间的动态平衡。

3）碱性磷酸酶活性（APA）在藻类生长中的作用

可溶性反应磷通常是藻类可利用的磷，而溶解性的有机磷是潜在的磷来源。在特定的条件下，碱性磷酸酶可以诱导可溶性有机磷水解成为可溶性反应磷。根据文献表明，碱性磷酸酶的活性（APA）与水中可溶性磷酸盐含量有显著的响应关系，特别是和可溶性正磷酸盐出现显著的负相关 [61]。

研究表明，当外界水体中反应磷含量降低到 0.02 mg/L 时，藻细胞处于缺磷状态，并诱导 APA 增加，可溶性的有机磷将开始被水解成反应磷并释放，使得外界水中的反应性磷的含量上升，当其含量超过 0.02 mg/L，APA 受到抑制，可溶性的有机磷水解释放速率下降[62]。

1.1.4 蓝藻水华的营养盐阈值研究进展

1.1.4.1 蓝藻水华发生的判断及营养盐生态阈值

目前国内外的关于蓝藻水华发生的定义并不统一，但整体有一个较一致的观点，即通过人类肉眼可以观察到的，蓝藻在水面的大面积覆盖，是蓝藻水华发生的重要特征[63-65]。目前国内外的部分学者，对蓝藻水华发生的判断通常是用Chl-a浓度或者藻类密度等指标 [66-69]；然后通过Chl-a浓度或者藻类密度来分析其他因素对蓝藻水华的影响。对于不同水体的水华的定量研究，通常用藻细胞密度来衡量其标准，如表1-4所示。杨顶田[70]对太湖的微囊藻实验发现，其生长最适宜的TN，TP浓度上限，只有TN浓度在1～4 mg/L，TP浓度在0.1～0.3 mg/L之间时藻类的密度最大，为3×10^{9} 个/L，超过或低于这个浓度范围则微囊藻几乎很难发生水华。国内学者[71]根据查找的资料，同时参照我国的富营养化评价标准，提出以藻细胞个数、叶绿素a含量和透明度SD等判断水华标准，如表1-5所示。

表 1-4 水华的定量研究

时间（年）	水华的定量研究
1992	澳大利亚规定饮用水源水发生水华的藻细胞含量最低值为 2×10^{6} 个/L；娱乐用水发生水华的藻细胞含量最低值为 1.5×10^{7} 个/L[72]
2000	汉江发生水华的藻细胞含量最低值为 5×10^{5} 个/L[73]
2003	中国南海的珍磷河入海口发生水华的藻细胞含量最低值为 3.8×10^{7} 个/L[74]
2006	轻度水华的藻细胞含为 1×10^{6}~1×10^{7} 个/L[71]

表 1-5 水华程度判别

程度	Chl-a（μg/L）	藻细胞个数（10^6 cell/L）	透明度 SD （m）
轻度水华	30.0～150.0	1～10	0.5～0.4
中度水华	150.0～300.0	10～20	0.4～0.1
重度水华	≥300.0	≥20	≤0.1

但是，通过表 1-4 和表 1-5 可知，不同的学者对水华发生的标准的藻密度差异很大，甚至在不同量级上，差距在 100 倍以上。同时，孔繁祥等人（2009）[75]发现，即使 Chl-a 浓度或者藻类密度的指标较高时，蓝藻并不一定形成对水面的覆盖。因为实际水体的蓝藻水华还受到气象等条件的影响，比如孔繁祥等人在 2007 年 8 月上旬，发现太湖水体中的 Chl-a 浓度很大，而由于当时太湖的气象发现变化，遥感卫星相对较少观测到太湖水面的蓝藻水华。因此，不宜简单地把 Chl-a 浓度或藻类密度等指标用作判断蓝藻水华发生的标准。

因此，探寻藻华发生与其他因素的潜在关系一直以来是各国学者研究的焦点，目前普遍认为营养盐过量释放与藻华的发生是直接相关的[76-80]。Scheffer M 等（2001）在《Nature》杂志上进一步研究表明，在湖泊富营养化生态过程中存在明显的临界生态特征，当水体生态系统演化达到某方面的临界值后，生态系统会突然出现状态跃迁[81]。这个关键的临界值就是阈值，即触发某种生态效应所需要的最低值，其对预测和控制水体富营养化和蓝藻水华具有重要的现实意义。藻类生长通常存在营养盐的浓度阈值，低于该阈值，其生长受到营养盐的限制，生长速率随营养盐浓度的增加而增加，高于该阈值，该营养盐因素达到生态饱和，而其他因素成为新的限制因素。

本研究要强调一点，湖泊中藻华发生的营养盐阈值和营养盐标准值是需要区别理解的。基于营养盐的阈值和标准值是不完全等同的概念。

（1）标准值的建立需要参考状态，即将某水体的本底值进行参考比较。参照状态是指“影响最小的状态或认为可达到的最佳状态”，其有利于建立具体水域内最接近自然水平的可能达到的营养状态的上限，可以用来确定水域内水华发生的指标基准。然而，水华发生的营养盐的标准值通常不考虑是否产生临界的生态效应，而往往是通过历史资料或者人为经验的判断来界定水华的程度，其参考指标多为藻类的生物量、藻类的颜色、水体的浊度等。

(2)阈值是着重在某限制因素对水体中藻类生长产生的临界生态效应的转变。建立湖泊中蓝藻水华的营养盐的阈值的关键是确定营养盐与其响应指标之间的关系。其阈值指标不是毒理性的阈值指标，而是可以评价是否发生临界生态效应的指标。

因此，蓝藻水华的营养盐的生态阈值应该这样描述：在湖泊富营养化过程中，某些限制性营养盐超过某一临界值之后，湖泊中的蓝藻的供给速率发生状态跃迁，而这一生态临界效应的数值即为蓝藻水华的营养盐生态阈值。某些限制性营养盐与蓝藻水华存在一定程度的生态响应关系，只有限制营养盐超过临界值时，湖水中的蓝藻会发生生态效应变迁。当限制性营养盐达到其阈值时，再增加其营养盐浓度，湖泊中蓝藻的供给速率不再发生跃迁，即该营养盐因素达到生态饱和，与蓝藻水华不再存在生态响应关系。在本研究中，蓝藻的供给速率可以描述成在湖泊蓝藻水华的生态过程中的蓝藻的实际的最大比增长率。

1.1.4.2 营养盐阈值研究方法进展

根据国内外研究者在营养盐阈值的相关研究，营养盐阈值的建立包括统计学阈值方法和生态学阈值方法。

1. 统计学营养盐阈值法

统计学阈值法，就是根据研究区域内的客观数据（包含历史数据）进行基于统计学的分析，依照选取的样本的实际情况建立百分数标准用来建立营养盐的参照状态，得到营养盐阈值[82]，如表 1-6 所示。

统计学营养盐阈值法的优势是充分利用实际监测的水质数据和历史监测资料，在大样本的数据条件下，其阈值数值更真实。然而，统计学营养盐阈值法由于自身方法的限制和我国国情的原因不能准确表达我国湖泊营养盐阈值。一方面，表中所述的 5 种方法均有自身的限制。Dodds 等（2004）认为回归分析外推法中水中总氮和土地利用之间并没有显著的相关关系[83]；参考水体法的假定范围使该方法只适合深水区域[84]；百分数法由于仅利用“受影响最小状态”流域，其范围太小[85]；预警变化值法的假设是可能发生生态学意义的浓度上限[86]。另一方面，我国的湖泊水体的营养盐阈值研究和发展起步相对国外发达国家比较晚，随着人类活动的增加，我国大部分湖泊曾出现受污染的情况，可以作为参考状态的湖泊较少，因此统计学营养盐阈值法对我国部分湖泊来说不完全适合。

目前国内外研究者开始将统计学方法与生物学方法相结合来得到营养盐阈值，即对湖泊大量的实际监测水质数据和历史监测资料进行统计，建立生物学指标 Chl-a 的与氮磷营养盐的线性方程，并对照蓝藻水华发生的通过资料分析和经验判断的 Chl-a 限制值，建立数学模型得到氮磷阈值[87,88]。

表 1-6 统计学营养盐阈值法

阈值统计学方法	参考国家	研究内容
回归分析外推法	美国堪萨斯州环境卫生部门	建立人类影响（土地利用情况）和营养物（水体氮磷浓度）之间的线性回归模型，用 *Y* 轴上截距来预测未经人类土地利用区域的营养物浓度（即流域内土地利用为 0%时 TN、TP 的浓度为营养物限值）[83]
参照水体法	美国	首先根据已有资料分析该地域水体受外界影响水平，确定参照水体的条件，从而挑选出参照水体。然后选择所有参照水体数据频数分布的上 25%点位（即 75%点位）作为该区水体的参照状态，这个水平能最大程度地保护区域自然营养水体类型的多样性[84]
群体分布法	美国	选择整个研究区域的水域群体为样本（已遭受严重污染的水体排除在外），将每个参数指标的最佳四分之一（即所有数据频数分布的下 25%）作为该区域水体营养物标准的参照值[89]
百分数方法	澳大利亚和新西兰环境自然保护委员会（ANZECC）	即以“受干扰最小状态”流域的营养物浓度的 80%作为预警边界，表示达到高浓度状态才有可能发生生态意义上的变化[85]
预警变化值法	加拿大环境部理事会（CCME）	（通过可参考水体的营养状态确定）或者是超过基准营养浓度的 50% （这里是所有数据频数分布上的 25%点位）来界定生态系统状态上限[86]

2. 生态学营养盐阈值法

藻类水华发生的过程中，生物量会不断增大，水中叶绿素（Chl-a）是描述藻类生物量的主要生态指标，能有效反映出水中藻类的丰度和水中初级生产者通过光合作用合成有机物的能力。因此，生态学营养盐阈值法是对水体的氮磷营养盐和 Chl-a 为主要研究对象，建立 Chl-a 与氮磷的数学模型关系来得到水中

的氮磷阈值 [35,90,91]。

目前欧美等发达国家的营养盐阈值生态学方法从最早研发使用的 Algae Growth Potential（藻类生长潜力法，AGP）法[92]，到后来发展的 Nutrient Enrichment Bioassay（营养物富集生物法，NEB 法）和 Nutrient Dilution Bioassay（营养盐削减生物法，NDB 法）[93]，如表 1-7 所示。目前，国内用于营养盐阈值的生态研究方法主要为藻类生长潜力法，而近些年发展得更受到外国学者认可的营养物富集生物法和营养盐削减生物法却研究相对很少 [94]。

表 1-7 基于生态学的方法研究氮磷阈值标准

阈值生态学方法	参考地	研究内容
藻类生长潜力法	国内外均 应用成熟	实验室人工条件，根据磷、氮浓度与铜绿微囊藻生长的定量关系，建立其关系曲线，从以上曲线中找到拐点即为阈值。
营养盐富集生物法	应用时间较短； 美欧，韩国等； 国内研究较少	水体原位自然条件，营养盐不同方式添加，营养盐与原位藻体定量关系判断阈值
营养盐削减生物法	应用时间短； 美国； 国内很少	水体原位自然条件，营养盐不同方式削减，营养盐与原位藻体定量关系判断阈值

在我国，由于统计学营养盐阈值法的需要大量长期全面的历史监测数据，且受方法的自身限制和我国的特殊国情，而生态学营养盐阈值法是直接描述出水中营养盐和 Chl-a 之间的响应关系，更加符合我国湖泊的情况。因此本研究正是基于生态学营养盐阈值法来研究分析我国富营养化湖泊的蓝藻水华发生的阈值问题。

（1）藻类生长潜力实验法

藻类生长潜力法也叫藻类增长潜力测试法，即通过藻类做生物鉴定[95-98]。

其方法原理为：依据李比希（Liebig）“最低因子”规律，浮游藻类的生长会受到多种元素的作用，而当受到藻类生长所需要的、存在含量最低的元素的限制的时候，此种元素便是此时藻类生长的限制性营养因子；如果添加这种元素进入水体能促进藻类生长，那么这种元素就是藻类生长的刺激元素。依照其原理，对湖泊水体中采集的水样，经过藻类过滤后，向水样中添加某种或某几种营养盐，并添加特定藻种，根据水样中的藻类增长情况来推断湖泊中藻类生长的限制性营养盐并计算限制性营养盐的阈值。

在 20 世纪 50 年代，发达国家的学者就开始进行生物鉴定实验。国外学者最早[99]对绿藻类栅列藻属进行了藻类潜力研究； 1971 年美国环保署建立了藻类生长潜力实验法（淡水）的标准规范[100]。1990 年，我国学者金相灿等人编写的《湖泊富营养化调查规范（第二版）》中建立了藻类生长潜力实验法的方法流程[101]。我国学者在海洋、河流、湖泊等水体中广泛使用了藻类生长潜力实验法。王霞等人[102]利用藻类生长潜力法分析发现 TP 和 TN 是我国松花湖水体富营养化的主要限制因素，TP 是其第一限制因子且湖泊富营养化的 TP 阈值是 0.065 mg/L；魏徵等人[103]用藻类生长潜力法发现我国滇池的湖心区和湖南区受 N 和 P 共同限制，而北部和西部只有 P 是限制性营养盐；杨龙等人[104]在我国密云水库中通过藻类生长潜力实验法发现湖泊发生富营养化的 TP 阈值分别为 0.053、0.062、0.064 mg/L。

（2）营养盐富集生物法

营养盐富集生物法是根据李比希“最低因子”规律，测定实际自然水体环境条件下，实际藻类群落生物量对不同营养盐的响应状况，以确定实际自然水体中藻类生长的限制性营养因子，并分析不同时期湖泊的限制性营养元素输入与生态系统响应关系后限制性营养盐的阈值 [105-107]。

目前发达国家主要以营养盐富集生物法来推断实际水体藻类群落增长的限制性营养盐。例如，Antonio Camacho 等人[108]在西班牙喀斯特湖泊进行营养盐富集生物法，发现夏末秋初藻类生长是受到氮限制；美国的 Hans W. Paerl 等人[109]在我国太湖的梅梁湾和湖心区采用营养盐富集生物法发现 P 的输入控制是太湖的关键；我国学者近几年也开始逐步应用营养盐富集生物法，例如许海等人[35]最早于 2006 年开始将营养盐富集生物法应用在太湖研究中，李小平等人[110-112]于 2009 年在淀山湖、洱海、小兴凯湖等采用了营养盐富集生物法。

（3）营养盐削减生物法

营养盐削减生物法适合营养盐浓度很高的富营养化水体，由于原湖水中的营养盐浓度已经远大于湖水中藻类生长的实际需求量，导致继续添加营养盐无法刺激湖水中藻类生长，因此采用逆向思维，削减原湖泊水体中某种或某几种营养盐含量[113-115]。其原理如图 1-2 所示。

根据图 1-2（a）分析知道，如果削减原湖泊水体中某些营养盐的浓度到点 2 时，藻类通常会出现下降的生态响应，即点 2 是实际有效削减点，低于有效削减点，藻类的生态响应与营养盐同步下降。根据图 1-2（b）分析知道，当处于削减点 4 的时候，往此时的水中加入一定浓度的 A、B 和 C 三种营养盐，如果单独加入 A 或 B，藻类生长响应与原湖水变化不大，则表明 A 和 B 均非藻类生长的限制性营养盐；如果增加 C 后藻类生态响应显著增加，则表明 C 能显著促进藻类生长，即 C 为该湖泊中藻类生长的限制因子[93]。

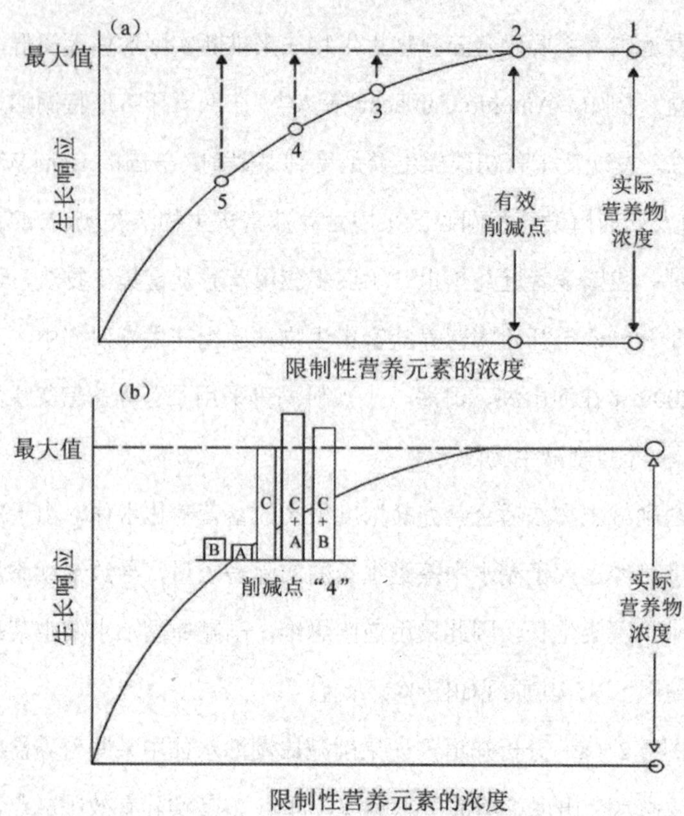

注：图（b）中削减点“4”为图（a）中的点4。

图 1-2 营养盐削减生物法原理

目前我国学者相对较少应用营养盐削减生物法于湖泊富营养化问题，而国外发达国家已经开始对该方法进行不断优化。Paer 等人（1987）[93]将不含 N、P 的主要离子溶液与原湖泊水混合进行营养盐削减生物法来推断限制性营养因素；Dodds 等人（1992）[116]通过采取沸石和明矾来分别削减原湖水中的氨氮和磷酸盐后进行营养盐削减生物法，但我国学者认为该方法由于加入了新的化学物质可能产生干扰[112]。

（4）三种生态学方法的比较

藻类生长潜力法和营养盐富集生物法的相同之处是均遵照李比希（Liebig）“最小因子”定律，将某一种或某几种营养盐物质添加入水中后，根据藻类生长响应来推断限制因子。两种方法的差异主要表现在，藻类生长潜力法是基于实验室内的理想条件下，模拟温度、光照等条件下进行的，其操作容易，可控性强，但是一方面其研究的水体藻类为过滤原湖水后的，人为添加的藻种，与真实湖泊水的生物群落存在相互竞争情况不同，另一方面模拟的环境条件均为最理想化的情况，其实验均为非流动状态，与真实湖泊处于低流速状态的实际情况不符合，因此其阈值结果不能完全代表湖泊的真实情况；营养盐富集生物法是基于真实现场湖泊水体的原始藻类群落，在湖泊自然的光照、温度、水动力条件下进行研究的。该方法更加真实地反映了不同时期的原湖泊水中的限制性营养盐与原始藻类群落生长的响应，其阈值数据更加真实可靠。当然该方法也存在一定问题，一方面其操作性受实际湖泊的复杂环境影响而更难，另一方面本研究过程中也发现实验过程偶尔存在其他的生物干扰的情况。另外，这两种方法在添加方式上均采用一次性添加，该方式也一直在国外存在异议，因为不同浓度营养盐一次性全部添加到培养容器存在直接抑制藻类生长的可能，因此采用一次性添加还是分次添加有待进一步研究。

对于营养盐富集生物法和营养盐削减生物法的区别来说，一方面两个方法的原理不同，另一方面如果将营养物富集生物学法用于营养盐浓度极高的富营养化湖泊区域时，营养盐对湖水中藻类生长的刺激作用不明显。因此，对同一个富营养化的湖泊而言，在富营养化且营养盐浓度极高的湖泊区域（如岸边），适合采用营养盐削减生物法；而在富营养化且营养盐浓度偏低的湖泊区域（如靠近湖中）适合采用营养盐富集生物法。

1.1.4.3 国内外湖泊的营养盐阈值统计

国内外学者对湖泊中营养盐阈值通过不同方法进行研究，Smith 等人[117]（1999）根据前人对美国湖泊的富营养化的文献统计，认为湖泊富营养化发生时，总磷是 0.03～0.10 mg/L，总氮是 0.65～1.20 mg/L 之间；国际上部分学者通常认为湖水中 TN 超过 0.20 mg/L， TP 超过 0.02 mg/L 是湖泊富营养化发生的浓度[118]。Dodds 等人（2006）[84]对美国堪萨斯州湖泊水库（共 220 个样点）采用推荐值方法得到湖泊富营养化的总磷和总氮阈值分别是 0.1 mg/L 和 1.2 mg/L，采用参考水体法得到的总磷和总氮阈值分别是 0.023 mg/L 和 0.625 mg/L；Wang 等人（2007）[119]对美国威斯康星州不同生态区湖泊（共 240 个样点）采用统计学方法得到的富营养化的总磷和总氮阈值分别是 0.043 mg/L 和 0.72 mg/L；Chambers 等人（2008）[120]对加拿大南部安大略省和魁北克市湖泊采用统计学和生物学限制法结合得湖泊富营养化到的总磷和总氮阈值分别是 0.021 mg/L 和 0.945 mg/L；在我国，郑朔方、金相灿等人（2005）[121]年对铜绿微囊藻纯藻种在 BG-11 培养基中，光照强度 3000 lx 左右，温度 28 ℃条件下进行藻类增长潜力实验，得出铜绿微囊藻在初始的 TP 浓度小于 0.2 mg/L，初始的 TN 浓度小于 2 mg/L 的范围内，铜绿微囊藻的快速增长率是增加的，之后保持不变或者下降；在初始 TP 浓度小于 1 mg/L，初始的 TN 浓度小于 10 mg/L 的范围内，铜绿微囊藻的生物量是快速增加的，之后生物量不再明显增加；王霞等人(2006)[102]对松花江湖提取的夏季优势藻种铜绿微囊藻在 M-11 培养基中，在温度 25 ℃，照度 2000 lx 条件下，进行了藻类增长潜力实验，并认为在该藻类生长的总磷和总氮阈值分别是 0.065 mg/L 和 0.843 mg/L；杨龙等人（2009）[104]对密云水库的夏季的原水混合藻种（以绿藻、蓝藻为主）在原水与 BG-11 培养基混合水体中进行藻类增长潜力实验，并认为水库发生富营养化的总磷阈值为

0.053～0.064 mg/L；许海等人（2010）[109]在太湖梅梁湾秋夏时对原湖水中占90%左右的微囊藻进行了异位培养的营养盐富集实验，得到当富集的可溶性磷（SRP）大于 0.2 mg/L，可溶性氮（DIN）大于 0.8 mg/L 的时候，蓝藻将不受氮磷营养盐限制；吴雅丽等人（2013）[122]在太湖梅梁湾春季时对原湖水中藻类（以隐藻和硅藻为主）采用维持水体外界磷浓度不变这一特殊方法，进行了营养盐富集实验，得到春季太湖以隐藻和硅藻为主藻类的生长总磷阈值为 0.059 mg/L；许海等人（2015）[123]在太湖梅梁湾 8 月份时对含占 70%左右的微囊藻的原湖水进行了异位现场培养的营养盐富集实验，得到总磷阈值为 0.05 mg/L，总氮阈值为 0.8 mg/L。

根据目前国内外文献报道，可以看到氮磷营养盐的阈值与特定的研究区域、研究的时期、研究的藻种和研究的计算方法息息相关，其中任何一个方面的差别，其得出来的氮磷的阈值浓度也往往有所差别。不同的湖泊研究区域，其流域面积、土地利用类型、气候水文条件差异很大，由于藻类的水华限制因素不仅仅只是氮磷营养盐，还受到环境条件如温度、光照等的限制，因此明确特定的湖泊研究区域是探究该地区优势藻种水华的营养盐阈值的基础。通过对国外湖泊的营养盐阈值与我国湖泊的营养盐阈值比较，可以看出我国湖泊从整体上来说其富营养化的藻类水华的氮磷阈值均比国外的数值要偏高，这与水体环境条件有很大关系，因此我国的营养盐阈值不能简单套用发达国家的结果。

另外，根据国外学者目前采用的不同的基于生态学方法的营养盐阈值结论，其不同藻类的氮磷浓度结果整体很低，这与我国规定的水质标准存在一定差异。例如，我国一直沿用至今的地表水环境质量标准（GB 3838－2002）[124]中，对湖泊的标准如表 1-8 所示。将目前文献研究的诸多的营养盐阈值结果与我国湖泊标准中 TP 和 TN 的数值进行比较，可以看出我国湖泊水质标准中III类水体或

Ⅳ类水体即为富营养化的水体。而我国Ⅲ类水体是集中式生活饮用水地表水源地二级保护区和渔业水域及游泳区，Ⅳ类水体是人体非直接接触的娱乐用水区，即均适合人类可活动的区域，这与实际的富营养化水体由于藻类水华的负面影响已经不适合人类活动是矛盾的。因此，目前营养盐阈值的生态学方法是否需要根据我国国情进行优化，有待进一步验证。

表 1-8 中国地表水环境质量标准（GB 3838－2002）

mg/L

	Ⅰ类	Ⅱ类	Ⅲ类	Ⅳ类	Ⅴ类
TP（湖，库）	0.01	0.025	0.05	0.1	0.2
TN（湖，库）	0.2	0.5	1.0	1.5	2.0

1.2 研究目的和意义

我国人均水资源仅占世界平均水平的 1/4，属于缺水国家。然而，随着我国经济社会发展，城市化进程不断加快，大量 N 和 P 等营养盐进入湖泊、水库等，使我国可利用的湖泊水体的富营养化污染加重，加剧了我国水资源短缺的局面，使我国水环境面对更大的压力和更严峻的挑战。湖泊水体的富营养化通常会伴随藻类水华的发生，在我国主要以蓝藻水华最为常见。蓝藻水华会破坏湖泊的生态系统平衡，降低湖泊的稳定性和生物多样性，使湖泊失去渔业价值和观赏性的娱乐功能，带来社会和经济效益的损失，同时更会产生藻毒素等有毒物质威胁人类的饮用水安全和健康，因此有效控制蓝藻水华是我国亟待解决的重大环境问题。想要采取有效合理的措施控制蓝藻水华，就必须探明蓝藻水华发生的机理机制。在蓝藻水华的形成过程中，其影响因素众多且相互作用错综复杂，至今仍然没有一个科学合理的形成机制。在触发蓝藻水华的众多因素中，国内外学者普遍认为营养盐因子占主导地位，即营养盐的过量释放是蓝藻水华发生的关键因素。界定营养盐过量的问题，就是探寻其是否存在定量的临界值的问题。研究者发现富营养化生态过程中存在明显的临界生态特征，即当营养盐达到阈值之后，蓝藻生长会出现状态跃迁，产生不同的生态响应。所以探明营养盐定量阈值与蓝藻水华的生态响应关系，是解决蓝藻水华发生机理机制的基础和关键。

目前国外发达国家研究蓝藻水华的营养盐的阈值通常包括统计学的方法和生态学的方法。我国的湖泊水体的营养盐阈值研究和发展起步相对国外发达国家比较晚，一方面随着人类活动的增加，我国大部分湖泊曾出现受污染的情况，可以作为统计学方法中参考状态的湖泊较少，另一方面，统计学的营养盐阈值研究方法多是采用基于全湖营养盐浓度平均值，而忽略了局部湖湾营养盐浓度往往偏高的现象，可能导致得到的营养盐阈值通常偏低的现象，因此我国学者多以生态学方法来探究我国湖泊的营养盐阈值问题。目前国内学者通过生态学方法对藻华发生的水体营养盐阈值结论不一，差距极大[125,126]。这些结论一是由于特定的研究水域的藻种（如绿藻、蓝藻、硅藻等）的不同而阈值不同，二是其各个结论采用生态学方法差异极大，如采用 M-11、原湖水与 BG-11 混合溶液进行藻类生长潜力法实验，如异位营养盐富集生物实验等方法，这些不同的方法是否能够完全真实反映特定湖泊水域的特定藻类水华的营养盐阈值有待进一步验证，三是在湖泊的生态系统中，湖泊底泥沉积物湖泊营养盐循环的过程起着非常重要的作用，通常被认为是生态系统中营养盐重要的源和汇之一。目前国内外基于生态学方法的营养盐阈值的研究多是在受限制的封闭水体中展开的，并没有考虑底泥沉积物可能对藻华的营养盐阈值产生的作用和影响。因此，面对我国目前迫切需要探明的蓝藻水华的营养盐阈值问题，需要建立一套系统科学针对蓝藻水华这一特定藻类现象的、从不同层面水体系统展开研究的生态学研究方法。

在研究蓝藻水华发生的营养盐阈值生态方法上，国内应用很多且相对成熟的实验方法为藻类生长潜力实验法，该方法一方面其研究的水体藻类为过滤原湖水后人为添加的藻种，与真实湖泊水的生物群落存在相互竞争情况不同，另一方面模拟的环境条件均为最理想化的情况，与真实湖泊处于低流速状态的实际情况不符合，因此其阈值结果可能不能完全代表湖泊的真实情况。目前欧美等发达国家已经开始广泛应用的营养盐富集生物法和在近些年国外不断发展的认可度更高的营养盐削减生物法，在我国湖泊上的应用相对较少。作为我国湖泊富营养化最严重和最具代表性之一的滇池湖湾，近几年其蓝藻水华几乎年年发生，严重影响了湖泊的生态系统和周围居民饮用水的安全健康。因此，提出一套更加科学合理的营养盐富集生物法和营养盐削减生物法来探究滇池的蓝藻水华的营养盐阈值问题显得尤为必要。

本研究正是针对蓝藻水华的营养盐生态阈值这一关键问题做进一步的探讨，力求从不同层面的水体系统上寻找能更加真实地反映蓝藻水华的营养盐阈值的生态学科学方法，并通过采用更加科学合理的营养盐富集生物法和营养盐削减生物法来探明我国湖泊蓝藻水华最具代表性的滇池湖湾的营养盐阈值，并针对我国湖泊的特定情况进行了设计优化，以求能够为我国湖泊日益严重的蓝藻水华问题寻找突破口，为我国湖泊蓝藻水华的发生机理机制和控制提供依据，并对同类湖泊的蓝藻水华研究起到借鉴作用，以便能够及时采取更加科学合理的措施来控制蓝藻水华，降低其产生的生态和社会经济效益的损失。

1.3 研究内容

针对在探明富营养化湖泊中蓝藻水华的营养盐阈值研究中存在的问题，本书首先探讨了富营养化湖泊中营养盐的阈值与标准的区别，并阐述了蓝藻水华的营养盐生态阈值的含义，然后从生态学角度，通过不同层面的营养盐氮磷微量输入与湖泊蓝藻水华响应关系入手，设计了基于我国湖泊蓝藻水华的主要藻种——铜绿微囊藻代谢动力学的内氮内磷阈值实验，模拟湖泊水体、湖泊水体+沉积物两种不同水体系统中的蓝藻水华的室内外静态实验，和在不同水体流速下蓝藻水华的实验室动态实验，同时针对我国最具代表性的，富营养化严重的滇池西北部湖湾，设计并优化了现场的营养盐富集生物法和营养盐削减生物法，以探究该水域的蓝藻水华发生的氮磷生态阈值。本书通过以上大量的室内和现场实验最终形成一套系统的研究蓝藻水华发生的氮磷营养盐阈值的生态学研究方法和数值。

（1）蓝藻生长的细胞内氮磷阈值实验

通过铜绿微囊藻代谢动力学的实验，设计了在固定氮浓度条件下，对三组不同外源磷浓度的水体中铜绿微囊藻藻细胞内磷浓度变化进行分析，和在固定磷浓度条件下，对三组不同外源氮浓度的水体中藻细胞内氮浓度变化进行分析，结合细胞内磷与藻密度的值相比得到铜绿微囊藻细胞内份额磷的变化曲线和细胞内氮与藻密度的值相比得到铜绿微囊藻细胞内份额氮的变化曲线，通过 Droop 模型方程，探求铜绿微囊藻细胞增殖所需要的限制性细胞内磷和内氮阈值浓度。

（2）蓝藻水华的营养盐生态阈值的静动态研究

通过三种不同层面的水体环境条件进行蓝藻水华的营养盐阈值实验。第一种是在实验室内的人工气候培养箱，调节最适宜蓝藻生长的温度和光照，采用每天定时搅拌的静态状态下的条件，针对采集湖泊水体、采集湖泊水体+沉积物两种不同尺度的水体系统进行氮磷营养盐微量分成添加的生态学实验研究；第二种是在自然环境中，自然温度，光照和风度等，采用每天定时搅拌的静态状态下的条件，针对采集湖泊水体、采集湖泊水体+沉积物两种不同尺度的水体系统进行氮磷营养盐微量分成添加的生态学实验研究；第三种是在实验室内最适宜蓝藻生长的温度和光照中，在三种低流速流动水体的动态状态的条件下，针对采集湖泊水体、采集湖泊水体+沉积物两种不同尺度的水体系统进行氮磷营养盐微量成分添加的生态学实验研究。其中采集的湖泊水体来自富营养化严重的夏季太湖竺山湾的湖泊水和原位底泥沉积物。在这三种生态学实验条件下，通过分析氮磷浓度（生物可利用的氮磷浓度）与蓝藻水华的生态响应关系并进行曲线拟合，根据曲线上的拐点来计算蓝藻水华的营养盐阈值。同时进一步分析采集湖泊水体、采集湖泊水体+沉积物两种不同尺度的水体系统对蓝藻水华的营养盐阈值的可能产生的影响，并通过生态弹性模型分析沉积物可能对蓝藻水华营养盐阈值产生的影响。

（3）蓝藻水华的营养盐生态阈值的湖泊现场生态学研究

我国滇池是富营养化严重的湖泊，滇池西北部湖湾是蓝藻水华的重灾区，湖湾的营养盐浓度比全湖平均值高很多。本研究通过在局部湖湾这一重灾区设计和优化了湖泊现场营养盐富集生物法和营养盐削减生物法，对在富营养化湖泊中营养盐浓度极高的区域（如岸边），采用营养盐削减生物法；在富营养化湖泊中营养盐浓度偏低的区域（如靠近湖中），采用营养盐富集法。

在营养盐富集法实验中，在实际自然湖泊环境中，直接利用滇池湖湾水体中原始生物群落进行现场实验，得到水体在不同添加营养物方式下后对藻类增长的响应。根据不同营养盐添加方式对应的蓝藻水华的响应情况判断不同时期该特定区域的营养盐的限制情况。然后通过分析氮磷浓度（生物可利用的氮磷浓度）与蓝藻水华的生态响应关系并进行曲线拟合，根据曲线上的拐点来计算蓝藻水华的营养盐阈值。

在营养盐削减实验中，在实际自然湖泊环境中，通过直接在滇池湖湾水体中削减原湖水不同形态的氮磷营养物浓度，得到其对藻类增长的响应情况，判断不同时期该特定区域的营养盐的限制情况。然后通过分析氮磷浓度（生物可利用的氮磷浓度）与蓝藻水华的生态响应关系并进行曲线拟合，根据曲线上的拐点来计算蓝藻水华的营养盐削减点。

1.4 研究的技术路线

本研究技术路线如图 1-3 所示：

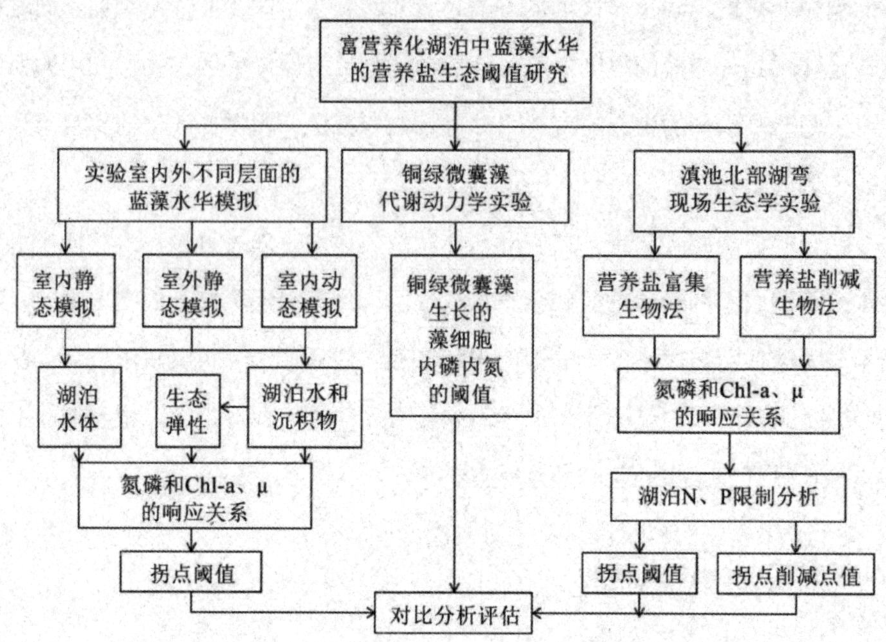

图 1-3 富营养湖泊中蓝藻水华的营养盐阈值研究技术路线

第 2 章　材料与方法

2.1 主要实验器材装置与药品

1. 主要实验器材（见表 2-1）

表 2-1 主要实验器材

器材名称	型号	厂家信息
立式压力藻汽灭菌器	BXM-30R	上海博迅实业有限公司医疗设备厂
光照/人工气候培养箱	MGC-300H	上海一恒科学仪器有限公司
紫外-可见分光光度计	T6 新世纪	北京普析通用仪器有限责任公司
Dynamica 台式离心机	Velocity 14R	驭锘实业（上海）有限公司
PHB-4 型便携式 pH 计	PHB-4	上海仪电科学仪器股份有限公司
JPB-607A 型便携式溶解氧分析仪	JPB-607A	上海仪电科学仪器股份有限公司
赛多利斯电子天平	CPA1003P	赛多利斯科学仪器（北京）有限公司
圣荣 SL-50B 型便携式光纤流速仪	SL-50B	南京圣荣仪器设备有限公司
超净工作台	SW-CH-2F	苏州市华宇净化设备有限公司
气浴恒温振荡器	THZ-92A	上海博迅实业有限公司医疗设备厂
循环水式多用真空泵	SHB-A	上海豫康科教仪器设备有限公司
浮游生物网	25 号	广州市昕迪实验器材有限公司
污泥取样器	ZYQ-WN	明宇科技有限公司

2. 实验室内蓝藻水华的静态实验装置

实验器材为：智能光照培养箱（MGC-300H），实验期间的条件：温度为25℃，光暗比为12h：12h，光强为4500 lx。部分实验装置如图2-1所示。

图 2-1 部分实验装置图

3. 实验室外蓝藻水华的静态实验装置

实验地点为与太湖具有类似的气候特征的我国华东地区的实验基地附近（室外环境为草坪，通风，太阳直射），采用的3 m×3 m透明围布帐篷（厂家为广东鹤山富华制伞厂），其目的是防止自然条件下雨水对本实验的干扰，并能够保证自然阳光直射。实验装置为塑料桶（0.6 m ×0.6 m ×0.8 m）。部分实验装置如图2-2所示。

图 2-2 部分实验装置图

4. 实验室内蓝藻水华的动态实验装置

建立实验室内的实验装置：采用 60cm×32cm×20cm（$L\times W\times H$）的 5mm 厚的 PVC 白色塑料水框作为培养容器，设置水深 15 cm；用塑料隔板将敞口塑料水框隔开，使其形成四条狭窄的环形水槽，隔板由 2 mm 厚的有机玻璃制成；培养容器上方设有人工光源，人工光源为日光灯，含有一个铝塑材料制成的外框，外框长宽高为 60 cm、32 cm、10 cm，框内等距离安装 15 W 的日光灯 4 个，单管单控，放置在水槽上方；水槽高流速区和拐角处设置两个小型潜水泵，起推流作用；宽广水域安置 1 个微型搅拌器，模拟湖水低流速状态，水体中配置可调控温度的加热棒。通过调节小型潜水泵和微型搅拌器，使靠近边缘的点 a，水体流速为 1 cm/s；中心区域点 b，水体流速为 5 cm/s；急流环形水槽区点 c，水体流速为 10 cm/s。动态模拟装置平面图如图 2-3 所示，部分实验装置如图 2-4

所示。

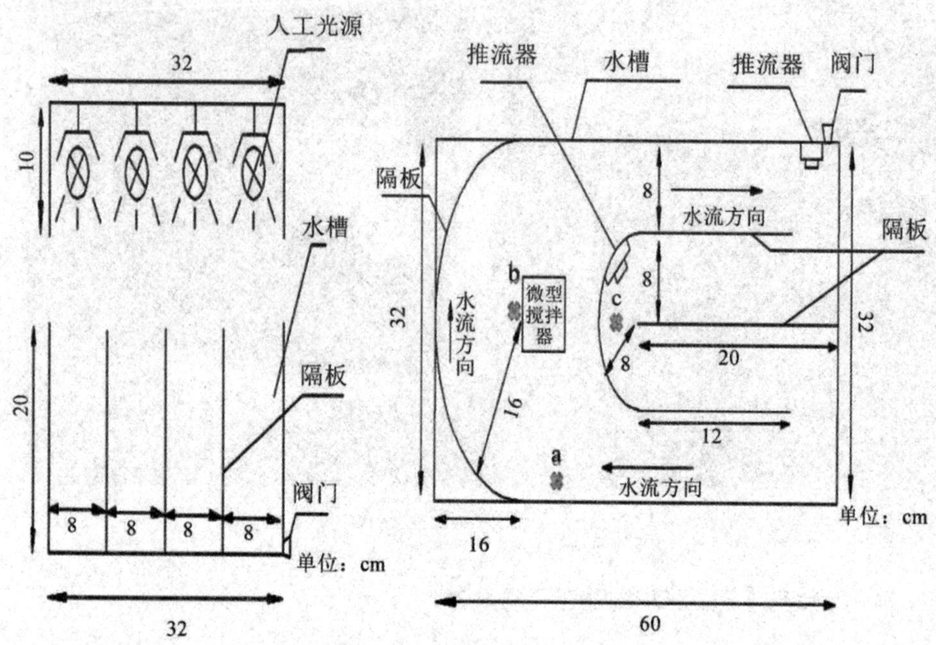

（a：1cm/s；b：5cm/s；c：10cm/s）

图 2-3 动态模拟装置平面图

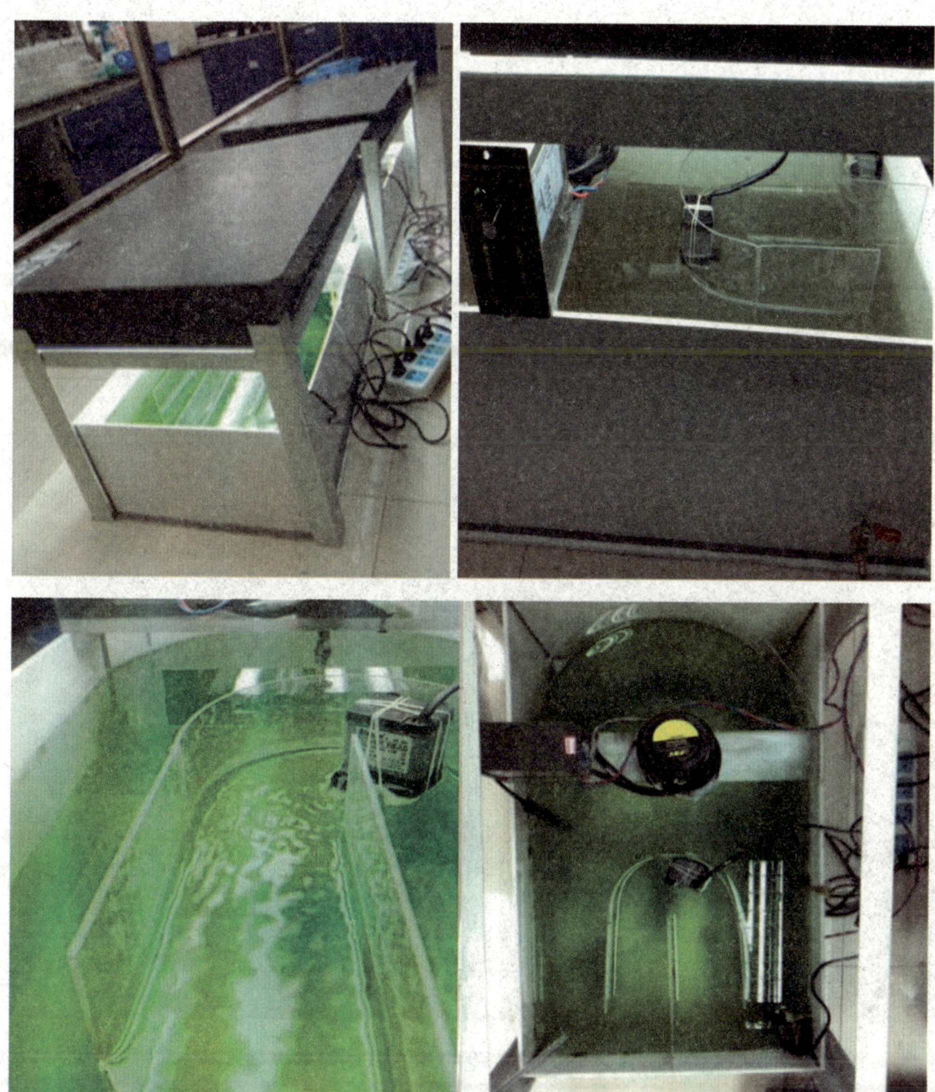

图 2-4　部分实验装置图

5. 营养盐富集生物法与营养盐削减生物法的实验装置

营养盐富集生物法实验与营养盐削减生物法实验均是在湖泊现场的实验，需要着重考虑湖泊现场的条件下的受光均匀、水动力（流速）、风速（波浪）等方面的因素。本实验用带盖的 10 L 透明软塑料圆桶作为实验培养容器，可浮动的大号轮胎制作成浮床并固定在钢桩周围，轮胎浮床的功能在于作为承载培养容器使其能够浸没于湖泊表层水体并漂浮在水面上。用尼龙绳将每 4 个透明软塑料圆桶绑扎后放入每个轮胎中心，并用尼龙绳将每个轮胎均匀聚集在一起进行绑扎，这样可以保证培养容器之间不会相互遮光，且接受光照强度一致。部分实验装置如图 2-5 所示。

图 2-5 生态学方法实验的湖泊现场培养装置

6. 主要药品（见表 2-2）

表 2-2 主要实验药品信息

主要药品名称	CAS 号	厂家信息
磷酸二氢钾（KH_2PO_4）	7778-77-0	国药集团化学试剂有限公司
硝酸钠（$NaNO_3$）	7631-99-4	国药集团化学试剂有限公司
碳酸氢钠（$NaHCO_3$）	144-55-8	国药集团化学试剂有限公司
过硫酸钾（$K_2S_2O_8$）	7727-21-1	国药集团化学试剂有限公司
钼酸铵（$H_8MoN_2O_4$）	12054-85-2	国药集团化学试剂有限公司
氢氧化钠（NaOH）	1310-73-2	国药集团化学试剂有限公司
抗坏血酸（$C_6H_8O_6$）	50-81-7	国药集团化学试剂有限公司
尿素（H_2NCONH_2）	57-13-6	国药集团化学试剂有限公司
浓硫酸（H_2SO_4）	7664-93-9	国药集团化学试剂有限公司
纳氏试剂	G500	天津久木材料有限公司

2.2 藻种的培养与水样的处理

2.2.1 供试藻种

本实验所用藻种为铜绿微囊藻 915（Microcystis Aeruginosa），购自中国科学院武汉水生生物研究所。

培养条件：温度 25℃，光暗比：12h：12h，光强：4500 lx。

2.2.2 培养基

培养基采用 BG-11 培养基[55]，配方见表 2-3。

表 2-3 BG-11 培养基

成分	含量	成分	含量
硝酸钠（$NaNO_3$）	1.5 g/L	碳酸钠（Na_2CO_3）	20 mg/L
磷酸氢二钾（K_2HPO_4）	40 mg/L	氯化锰（$MNCl_2 \cdot 4H_2O$）	1.81 mg/L
硫酸镁（$MgSO_4$）	75 mg/L	硫酸锌（$ZNSO_4 \cdot 7H_2O$）	0.22 mg/L
氯化钙（$CaCl_2 \cdot 2H_2O$）	36 mg/L	钼酸钠（$Na_2MoO_4 \cdot 2H_2O$）	0.39 mg/L
柠檬酸	6 mg/L	硫酸铜（$CuSO_4 \cdot 5H_2O$）	0.079 mg/L
柠檬酸铁	6mg/L	硝酸钴（$CoNO_3 \cdot 6H_2O$）	0.049 mg/L
乙二胺四乙酸二钠（ED_2TA）	1 mg/L		

2.2.3 藻种的扩培

实验前接种铜绿微囊藻纯藻种，扩大培养一周后，根据实验需要，将此时藻种接种于无 P（N）培养基中饥饿培养 48 h。取一定体积的藻种以 5000 r/ min 的速度离心 15 min，弃掉上清液，加入适量 15 mg/ L $NaHCO_3$ 溶液后进行离心，弃去上清液后，重复操作三次洗净藻体外部吸附的营养盐，再用灭菌后的去离子水稀释，用于实验接种[127]。

2.2.4 实验水样的处理

为了研究真实湖泊水体的蓝藻水华的营养盐阈值情况，本研究中蓝藻水华的营养盐阈实验室内静态实验、蓝藻水华的营养盐阈值的实验室外静态实验、和蓝藻水华的营养盐阈值实验室内动态实验的实验水样和泥样，均采集自太湖竺山湾。由于竺山湾是太湖夏季蓝藻水华主要污染点之一，且离本华东实验开展基地较近，所以本研究于 2014 年 6 月份现场采集湖水和原位沉积物，采集地点坐标为：31º46′ N，120 º 06 ′E。

1. 湖泊水

2014年6月份采集的太湖竺山湾还未发生蓝藻水华的湖泊水体，其各项指标如表2-4所示。湖泊水采用经25号网的浮游生物网过滤掉湖泊水中的浮游植物和浮游动物；浮游植物采集网为25号筛绢网，网孔直径为0.064 mm，后端有一网头，有出水开关活塞。

表2-4 太湖竺山湾湖水各项指标（2014年6月份）

成分	浓度 平均值	成分	浓度 平均值
TP	0.162（mg/L）	TN	1.3779（mg/L）
SRP	0.046（mg/L）	NO_3^--N	0.3015（mg/L）
STP	0.133（mg/L）	NO_2^--N	0.0121（mg/L）
Chl-a	0.0173（mg/L）	NH_4^+N	0.2417（mg/L）
T	24.4 ℃		

2. 沉积物

实验沉积物来源：太湖竺山湾采集水样点的原位沉积物。使用底泥采样器采集太湖竺山湾湖泊水采集点的上层底泥，用塑封袋封装，放入移动冰箱中冷藏，送回实验室后立刻进行实验处理。2014年6月份采集的太湖竺山湾沉积物的各项指标如表2-5所示。

表2-5 太湖竺山湾沉积物各项指标（2014年6月份）

成分	平均值 （mg/kg）	成分	平均值 （mg/kg）
TP	937.61	TN	1595.07
IP	1013.76	离子交换氮	279.20
OP	187.52	弱酸氮	704.67
HCl-P	331.29	弱碱氮	205.28
NaOH-P	121.38	强氧化氮	150.54

（续表）

成分	平均值（mg/kg）	成分	平均值（mg/kg）
NH_4Cl-P	89.78	可转化氮	255.38
有机质	12.89%	含水率	72.24%
孔隙率	86.68%		

2.3 测试指标与测试方法

2.3.1 物理指标

每个实验周期内，每天上午 9 点测定各个实验水样的水温（T），溶解氧（DO），pH，透明度（OD_{680}），对实验室内蓝藻水华的动态实验组测定其水体流速（v）。物理指标如表 2-6 所示。

表 2-6 物理指标与监测仪器

物理指标	监测仪器
温度（T）	温度计
流速（v）	圣荣 SL-50B 型便携式光纤流速仪
溶解氧（DO）	JPB-607A 型便携式溶解氧分析仪
pH	PHB-4 型便携式 pH 计
透明度（OD_{680}）	紫外-可见分光光度计

2.3.2 化学指标与生物指标

每个实验周期内，每天上午 9 点测定各个实验水样的总磷（TP），总溶解磷（TDP），溶解性反应磷（SRP），细胞内磷，总氮（TN），总溶解氮（TDN），硝氮（NO_3^--N），亚硝氮（NO_2^--N），氨氮（NH_4^+-N），细胞内氮，Chl-a。水环境中的溶解性无机氮（DIN）通常包含氨氮和硝态氮。

每个实验周期内，对含沉积物的实验组，在整个实验周期的中间时期取底泥沉积物中间隙水测量其 TDP 和 TDN。

每个实验周期内，在营养盐富集生物法和营养盐削减生物法中，实验初期和后期对各个实验水体浮游植物种群进行鉴定。

（1）不同形态磷的测定

采用钼锑抗分光光度法对水体中不同形态磷进行测定，具体方法参考《水和废水监测分析方法》（第四版）[128]。

（2）不同形态氮的测定

对水体中不同形态的氮的测定参考《水和废水监测分析方法》(第四版)[128]。

（3）Chl-a 的测定

根据陈宇炜等[129]，测定采用热乙醇法。

（4）碱性磷酸酶活性的测定（ALP）

根据洪华生等[130]，碱性磷酸酶（ALP）活性测定采用硝基苯磷酸二钠（P-NPP）分光光度法。

（5）底泥中间隙水的测定方法

根据金相灿等[131]，采用抽吸法。

（6）浮游植物种群的鉴定及生物量的计算

根据吴雅丽等[122]，种类的鉴定法参照《中国淡水藻类》[132]。

（7）叶绿素相对系数（*CRCC*）

$$CRCC=\left(\frac{Chl_n}{Chl_c}-1\right)\times 100\% \tag{2-1}$$

式中，*CRCC* 为叶绿素相对系数，Chl_n 是某时刻，某营养盐条件下的 Chl-a 浓度，Chl_c 是同一时刻，对照组中 Chl-a 浓度，

2.3.3 数据的分析方法

数值的模拟与相关性分析及显著性检验通过 SPSS 20.0 软件完成。曲线的拟合通过 1stOpt 数值分析软件进行非线性曲线拟合。

第 3 章　蓝藻生长的细胞内氮磷营养盐阈值研究

在湖泊中，由于 N、P 等营养物质的过量累积，加上其他适宜的外部环境条件，湖泊中的蓝藻等会疯狂生长，形成水华，这种蓝藻水华污染已经影响到湖泊的生态系统和人类的健康安全。因此，探明湖泊中蓝藻水华的发生机理机制，以及蓝藻自身生长的生命活动和其 N、P 营养盐的代谢机制显得尤为重要。根据文献[133]可以知道，在一个能量和物质动态守恒的水环境生态系统中，N、P 浓度的上升是导致藻类等浮游植物快速生长和增殖的关键原因，而藻类生长的生态响应，其自身的生物量大小、生命活动的变化、对外界 N、P 营养盐的吸收程度等必然与其自身的生态特性和细胞内部的 N、P 含量存在某种必然的联系。因此要探明蓝藻水华的发生机理机制，就必须考虑蓝藻自身的 N、P 代谢与外界水体中 N、P 的关系。

本章主要将我国蓝藻水华的主要优势藻种——铜绿微囊藻作为研究对象，通过分析环境水体 N、P 浓度、藻密度、Chl-a、铜绿微囊藻细胞内氮磷等指标，寻找铜绿微囊藻自身生长和增殖可能存在的藻细胞内氮内磷阈值。

3.1 实验设计

研究表明[134]：在一个能量和物质动态守恒的生态环境流域系统中，营养物质浓度的增长是导致藻类生长的内在因素，当藻类数量上升到一定数量时，其生命活动的程度、数量的多少和对营养物质的吸收状况等，必然与水体中营养物质浓度存在某种必然的联系。所以要研究微囊藻水华爆发阈值，就必须考虑藻类营养盐代谢与水体氮磷的阈值关系。

通过在不同初始磷（氮）浓度下培养铜绿微囊藻，并分析铜绿微囊藻生长周期内细胞内磷（氮）的变化曲线，建立 Droop 方程，为磷（氮）营养盐与蓝藻的生长关系的阈值机理研究提供依据，分析细胞内磷（氮）在蓝藻生长过程中发挥的作用，并进行阈值数值模拟。具体实验设计如下：

实验接种铜绿微囊藻藻种并磷（氮）饥饿培养后，分别等量投入藻液密度大概为 5×10^4 个/mL 的藻液进入培养液中，培养液配置如下：磷实验组为固定氮浓度为 1.40 mg/L，添加磷酸二氢钾使得磷浓度分别为 0.07 mg/L，0.16 mg/L，0.47 mg/L；氮实验组为，固定磷浓度为 0.20 mg/L，添加硝酸钠使得氮浓度分别为 0.46 mg/L，1.42 mg/L，2.23 mg/L，其余培养液指标按照 BG-11 培养基配制，将 1000 ml 锥形瓶中分别倒入 700 ml 不同浓度培养液，进行灭菌，每组共 3 个平行样。将培养液移入智能光照培养箱进行培养，培养条件为培养条件：温度：25℃，光暗比：12h：12h，光强：4500 lx。每天测定细胞内磷和内氮，Chl-a，藻密度指标。

3.2 铜绿微囊藻磷代谢动力学与内磷阈值

1. 不同初始磷浓度下铜绿微囊藻生长状况

从图 3-1 中可以看到，3 组不同初始 P 浓度下的铜绿微囊藻在经过适应期之后均表现出了快速增长的趋势，初始 P 浓度为 0.07 mg/L 的培养基中，Chl-a 最先到峰值大约 30.00 μg/L，然而其 Chl-a 峰值要远远低于其他两组，且 Chl-a 提早下降；初始 P 浓度为 0.16 mg/L 与 0.47 mg/L 的培养基中，Chl-a 的增长趋势具有相似性，即均为大量生长后到峰值，然后开始下降，Chl-a 峰值分别为大约 110.00 μg/L 和 121.00 μg/L；

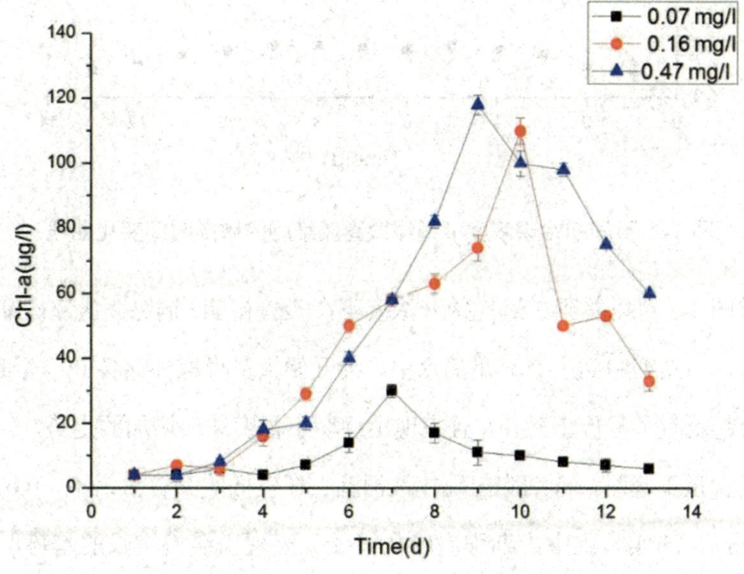

图 3-1 不同初始磷浓度下 Chl-a 随时间的变化曲线

2. 不同初始磷浓度下铜绿微囊藻与细胞内磷响应情况

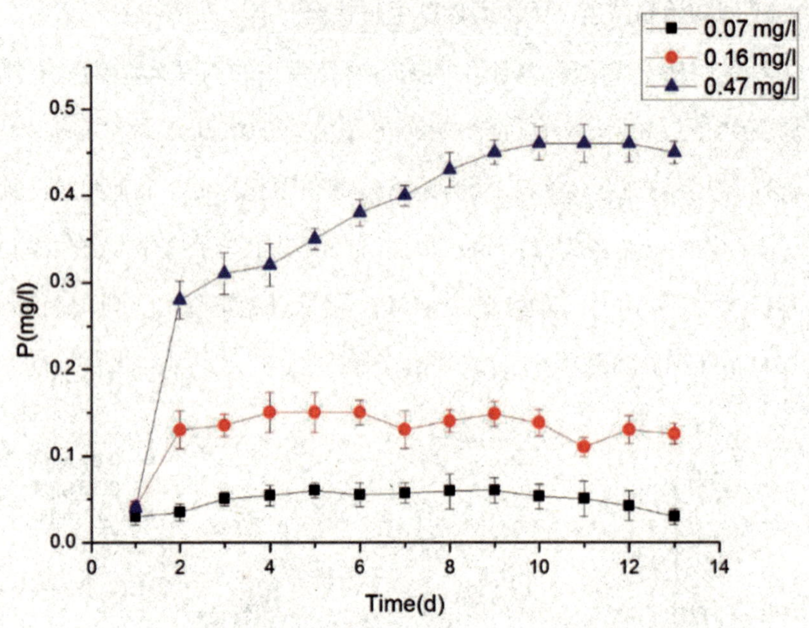

图 3-2 不同初始磷浓度下铜绿微囊藻细胞内磷随时间变化曲线

通过图 3-2 可以看到 3 组初始 P 浓度下在实验初期，铜绿微囊藻藻细胞处于饥饿状态，当藻细胞到了 P 充足的水中，会开始大量摄取并储备 P，藻细胞内磷从第 2 天起就有大幅度上升，并且表现出逐渐小幅度波动增加的走势，一直持续到水中 P 含量下降时，藻细胞内磷才被消耗。在较低的 P 含量组中，0.070 mg/L 与 0.16 mg/L 的实验组中，细胞内磷从第 3 天表现出缓慢增长的趋势，之后出现稳定小幅度波动；而较高的 P 含量组中，藻体细胞内磷保持明显增加趋势，一直持续到 10 天左右才保持稳定。

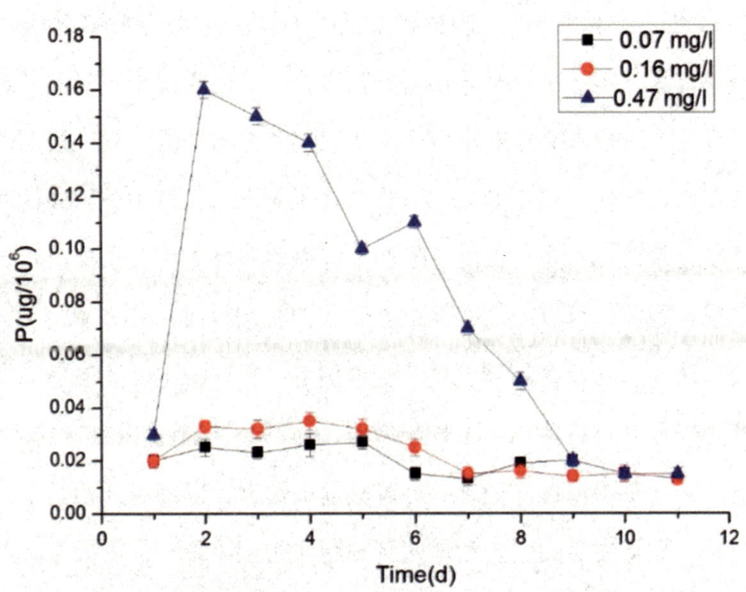

图 3-3 不同初始磷浓度下铜绿微囊藻细胞内份额磷随时间变化曲线

将细胞内磷与藻密度的值相比得到铜绿微囊藻细胞内份额磷的变化曲线。从图 3-3 中可以看出，3 组 P 实验组均在一天后就呈现出细胞内份额磷的峰值，表明了，在实验初期，铜绿微囊藻开始大量富集水中的磷酸盐，并且初始 P 浓度越高，藻细胞内份额磷也相对越高。之后，铜绿微囊藻藻细胞开始分裂增殖，因此藻细胞内份额磷也相应出现降低，大约第 9 天之后，不同初始 P 实验组的细胞内份额磷都下降到 0.013 μg/10^6 个左右且持续保持下去。从不同初始 P 实验组的整个实验周期来看，当藻细胞内份额磷在 0.013~0.02 μg/10^6 的范围内，可能表现为蓝藻水华的发生，因为当细胞内份额磷小于 0.013 μg/10^6 时，均呈现出 Chl-a 降低的走势；比较藻细胞内磷浓度的时间变化曲线，发现在整个实验周期内，在 Chl-a 不断增加的时期内，铜绿微囊藻藻细胞内总磷浓度保持稳定趋势，因此实验中最低细胞内份额磷的大小限制了蓝藻水华发生的规模。

对图 3-1，图 3-2 和图 3-3 比较分析发现：在实验初期，铜绿微囊藻藻细胞对磷酸盐开始富集，但 Chl-a 却未出现同步上升，并经历过一定时间的适应期后才增加，而当藻细胞内磷含量减小后，Chl a 也未出现同步下降，表明藻细胞依旧在维持增殖，所以 Chl-a 的时间变化整体上是滞后于藻细胞内磷的时间变化，且整体变化趋势相对是一致的，表明铜绿微囊藻藻细胞存在提前消费外界磷酸盐的情况。因此，可以得出在藻细胞生长的初期阶段，外界 P 含量充足，藻细胞很快对磷酸盐开始富集且于藻细胞内储备，经过一定时间的适应期后，开始继续利用外界 P 进行藻细胞生长与增殖，随着铜绿微囊藻藻细胞持续增多，外界磷酸盐不断被细胞消耗，缺乏外界磷酸盐补给后，藻细胞开始利用之前储备的细胞内磷，维持自身的生长和增殖到细胞内份额磷降到最低值。因此，即使外界 P 浓度偏低时，铜绿微囊藻藻细胞内磷可以利用积累储备的 P，在一段时间内维持自身的生长和增殖，而不受到外界磷酸盐含量波动的影响，所以铜绿微囊藻细胞内磷对维持种群的稳定生长起着关键的作用。

另外，由图 3-1，图 3-2 发现，在初始较低的 P 浓度实验组中，Chl-a 相对其他两组表现出提早降低的趋势，而初始最高的 P 浓度实验组中，水中 P 浓度到第 12 天左右才快耗尽，且此时藻细胞内磷仅极小程度的下降，因此在外界 P 浓度较高的水中，铜绿微囊藻的生长和增殖是不受外界磷酸盐含量的限制的，只有在外界 P 浓度降低至一定值后，铜绿微囊藻的生长和增殖才受到磷酸盐的限制。

3. 方程拟合与阈值数值计算

根据上文的研究表明，只有在外界 P 浓度较低时，铜绿微囊藻的生长和增殖才受到外界 P 的限制，在本实验中初始 P 浓度为 0.070 mg/L 的实验组中，用 Droop 方程下对藻细胞内磷与藻细胞的比生长率的关系曲线进行拟合，结果如表 3-1 所示。通过计算结果，可以看到在铜绿微囊藻受到水中 P 浓度限制的情况下，在 BG-11 的培养基中的铜绿微囊藻饱和浓度下最大比增长率是 0.742/d，最小限制性细胞内份额磷浓度为 0.025 mg/L。即表明，受到外界 P 浓度限制的条件下，当铜绿微囊藻细胞内磷浓度低于限制性细胞内磷大约 0.025 mg/L，藻细胞的增殖就将停止，而发生藻类水华的概率会大大减小。

表 3-1 铜绿微囊藻对磷代谢 Droop 模型结果

限制底物	回归方程	显著性检验	μ_{max}	P（mg/L）
P	$y=-0.02901x+0.61137$	0.698	0.742	0.026

3.3 铜绿微囊藻氮代谢动力学与内氮阈值

1. 不同初始氮浓度下铜绿微囊藻生长状况

从图3-4中可以看到，3组不同初始N浓度下的铜绿微囊藻在经过适应期之后均表现出了快速增长的趋势，初始N浓度为0.46 mg/L的实验组中，Chl-a最先到峰值大约55.00 μg/L，然而其Chl-a峰值要低于其他两组；三组不同初始N浓度的实验组中，其Chl-a的增长趋势具有相似性，即均为大量生长后到峰值，然后开始下降，1.42 mg/L与2.23 mg/L实验组的Chl-a峰值分别为大约65.00 μg/L和88.00 μg/L；

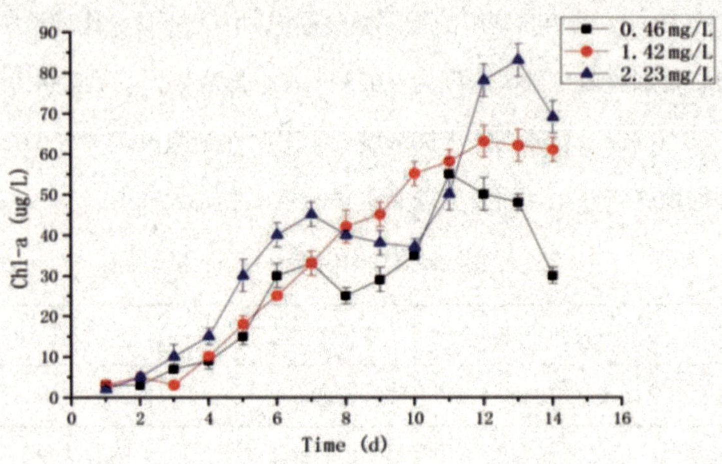

图 3-4 不同初始氮浓度下 Chl-a 随时间的变化曲线

2. 不同初始氮浓度下铜绿微囊藻与细胞内氮响应情况

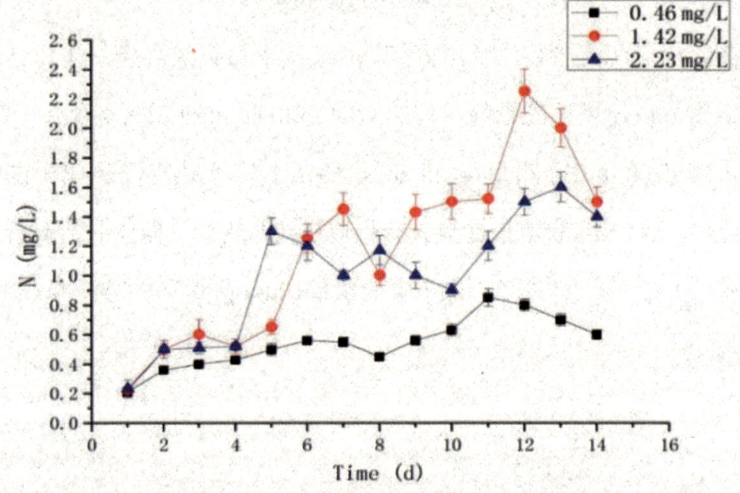

图 3-5 不同初始氮浓度下铜绿微囊藻细胞内氮随时间变化曲线

比较图 3-5 中三组不同初始 N 浓度实验组中，铜绿微囊藻细胞内氮的时间变化，发现铜绿微囊藻细胞内氮在实验初期的 3～4 天均保持稳定，随后与 Chl-a 同步上升进入对数增长期，而此阶段细胞内氮急速增加。比较三组的细胞内氮的差异，发现初始 N 浓度为 1.42 mg/L 的实验组，其铜绿微囊藻的细胞内氮的峰值最大。在比较图 3-4 和图 3-5，铜绿微囊藻细胞内氮浓度和 Chl-a 的变化关系发现，三组不同初始 N 浓度实验组，藻细胞进入对数增长期后，其细胞内氮与 Chl-a 的变化曲线基本吻合，趋势一致，这反映出藻细胞内氮可能不存在提前消耗的情况。

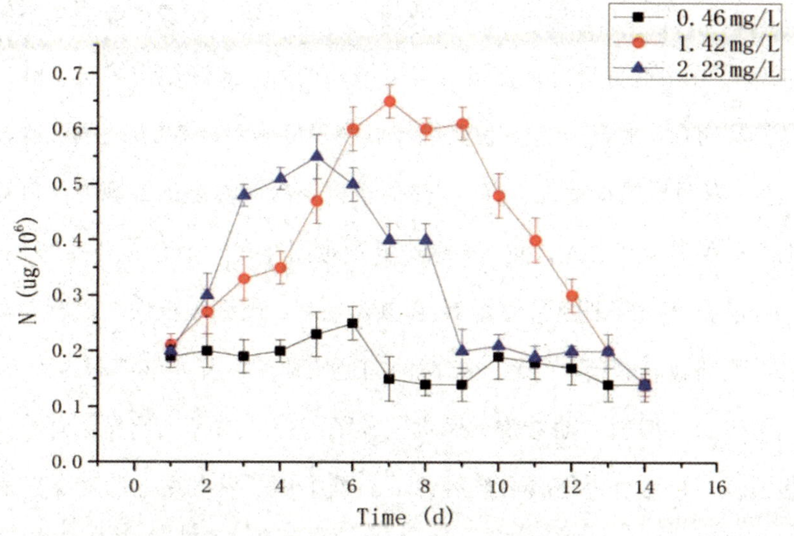

图 3-6 不同初始氮浓度下铜绿微囊藻细胞内份额氮随时间变化曲线

将细胞内氮与藻密度的值相比得到铜绿微囊藻细胞内份额氮的变化曲线。从图 3-6 可以看出，藻细胞内份额氮与实验中 Chl-a 的变化不完全同步，在第 6 天到第 8 天左右，三组实验组的细胞内份额氮均较高，而对应的此时的 Chl-a 并未进入峰值，表明这个时期的铜绿微囊藻细胞在存储 N 以用于之后生长和繁殖。从第 8 天后，三组实验的细胞内份额氮均有降低趋势并最终持续保持在 0.014 μg/10^6 个左右。从图 3-6 中，发现在 N 浓度为 1.42 mg/L 的实验组中，铜绿微囊藻的细胞内份额氮的峰值最大。从不同初始 N 实验组的整个实验周期来看，当藻细胞内份额氮在 0.014~0.022 μg/10^6 的范围内，可能表现为蓝藻水华的发生，因为当细胞内份额氮小于 0.014 μg/10^6，均呈现出 Chl-a 降低的走势；比较藻细胞内氮浓度的时间变化曲线，发现在整个实验周期内，在 Chl-a 不断增加的时期内，铜绿微囊藻藻细胞内总氮浓度保持稳定趋势，因此实验中最低细胞内份额氮的大小限制了蓝藻水华发生的规模。

对图 3-4，图 3-5 和图 3-6 分析发现：实验初期，铜绿微囊藻藻细胞对外界 N 的吸收开始保持稳定，在进入对数增长期后，藻细胞内氮与 Chl-a 的增加曲线基本吻合，趋势一致，说明铜绿微囊藻细胞对外界的 N 的吸收没有如 P 实验组中有明显的提前消耗情况。然而根据铜绿微囊藻的细胞内份额氮变化可以推测在藻类水华发生之前，铜绿微囊藻也同样有一个存储外界 N 的过程。因此，可以得出在藻细胞当外界 N 含量充足时，藻细胞很快对氮营养盐开始吸收且于藻细胞内储备，经过一定时间的适应期后，开始继续利用外界 N 进行藻细胞生长与增殖，随着铜绿微囊藻藻细胞持续增多，外界氮营养盐不断被细胞消耗，缺乏外界氮营养盐补给后，藻细胞开始利用之前储备细胞内氮维持自身的生长和增殖到细胞内份额氮降到最低值。因此，即使外界 N 浓度偏低时，铜绿微囊藻藻细胞内氮可以利用积累储备的 N，在一段时间内维持自身的生长和增殖，而不受到外界氮营养盐含量的波动的影响，所以铜绿微囊藻细胞内氮对维持种群的稳定生长起着关键的作用。

另外，通过对比图 3-4 和图 3-5，发现在三组不同初始 N 浓度的实验中，Chl-a 的变化的趋势一致，到第 12 天左右才快耗尽，且此时藻细胞内氮均出现不同程度的减小，因此这三组不同 N 浓度实验中，铜绿微囊藻的生长和增殖均受到外界的 N 营养盐的限制。

2. 方程拟合与阈值数值计算

根据上文的研究表明，本实验组中，铜绿微囊藻的生长和增殖受到外界 N 的限制。在本实验中的初始 N 浓度为 0.46 mg/L 的实验组中，用 Droop 方程对藻细胞内磷与藻细胞比生长率的关系曲线进行拟合，结果如表 3-2 所示。根据计算结果，可以看到在铜绿微囊藻受到水中 N 浓度限制的情况下，在 BG-11 的培养基中的铜绿微囊藻饱和浓度下最大比增长率为 0.611/d，最小限制性细胞内份额氮浓度为 0.231 mg/L。即表明，藻细胞受到外界 N 浓度限制的条件下，当铜绿微囊藻细胞内氮浓度低于限制性细胞内氮大约 0.231 mg/L 时，藻细胞的增殖就停止，而发生藻类水华的几率会大大减小。

表 3-2 铜绿微囊藻对氮代谢 Droop 模型分析结果

限制底物	回归方程	显著性检验	μ_{max}	N （mg/L）
N	y=−0.643x+1.798	0.714	0. 611	0.231

通过实验发现，我国湖泊蓝藻水华最具代表性的铜绿微囊藻的生长和增殖与其藻细胞内磷（氮）的储额直接相关[135]，藻细胞内磷（氮）是其进行自身的代谢活动和生长繁殖的直接条件，而外界的磷（氮）仅仅为细胞内磷（氮）的吸收和储备提供了一个外环境的支持，因此研究蓝藻最低限制性细胞磷（氮）份额是反映水体富营养化与氮的响应关系的一个重要方面，同时也对外源磷（氮）的控制有一定的参考意义。这也说明细胞内磷（氮）浓度是细胞自身生命活动和分裂繁殖的直接条件，而水体中的磷酸盐和氮盐浓度只是提供了一个外环境。

3.4 本章小结

（1）铜绿微囊藻的磷代谢动力学与内磷阈值

铜绿微囊藻的生长初期，细胞内磷含量迅速增高，表明铜绿微囊藻细胞对水体中磷酸盐开始富集，细胞内份额磷迅速增大；在初始 P 浓度较低的实验组中，实验后期藻细胞内磷被消耗，藻体生长受到外界磷的限制，而初始浓度较高的实验组中，藻类生长不受外界磷的限制。当藻细胞内份额磷在 0.013~0.02 μg/10^6 cell 的范围内，可能表现为蓝藻水华的发生，在整个实验周期内，在 Chl-a 不断增加的时期内，铜绿微囊藻藻细胞内总磷浓度保持稳定趋势，因此实验中最低细胞内份额磷的大小限制了蓝藻水华发生的规模。受到外界 P 浓度限制的条件下，通过 Droop 方程，发现当铜绿微囊藻细胞内磷浓度低于限制性细胞内磷大约 0.026 mg/L，藻细胞的增殖就将停止，而发生藻类水华的概率会大大减小。

（2）铜绿微囊藻的氮代谢动力学与内氮阈值

在铜绿微囊藻生长进入对数增长期后，发现藻细胞内氮与 Chl-a 的变化曲线一致，且铜绿微囊藻细胞对外界的 N 的吸收没有如 P 实验组中有明显的提前消费情况，氮根据铜绿微囊藻的细胞内份额氮变化发现铜绿微囊藻也同样有一个存储外界 N 的过程。当藻细胞内份额氮在 0.014～0.022 μg/10^6cell 的范围内，可能表现为蓝藻水华的发生，并且在 Chl-a 不断增加的时期内，铜绿微囊藻藻细胞内总氮浓度保持稳定趋势，因此实验中最低细胞内份额氮的大小限制了蓝藻水华发生的规模。在受到外界 N 浓度限制的条件下，铜绿微囊藻细胞内氮浓度低于限制性细胞内氮大约 0.231 mg/L，藻细胞的增殖就将停止，而发生藻类水华的概率会大大减小。

（3）铜绿微囊藻细胞内磷（氮）浓度是细胞自身生命活动和分裂繁殖的直接条件，而水体中的磷酸盐（氮营养盐）浓度只是提供了一个外环境。

第 4 章　蓝藻水华的营养盐生态阈值的静动态研究

湖泊生态系统是含复杂多变的多种因素相互影响的流域动力学系统，而蓝藻水华正是在这种具有自组织临界性特征的环境中发生的。根据文献[134]可以知道，在一个能量和物质动态守恒的水环境生态系统中，N、P 浓度的上升是导致藻类等浮游植物快速生长和增殖的关键原因。因此蓝藻水华的形成、维持与衰退必然与 N、P 营养盐的特性、形态、浓度等因素呈现出复杂的自组织临界性关系。根据文献表明，不同的特定区域的水体，发生水华时候的 N、P 营养盐浓度差异很大[136]。因此，探明湖泊中蓝藻水华发生的机理机制，就必须确定不同水体系统的蓝藻水华发生的限制性营养盐因子和其产生生态临界效应的阈值。

本章以我国湖泊夏季蓝藻水华的主要优势藻种-铜绿微囊藻为研究对象，采用我国蓝藻水华污染严重的太湖竺山湾的夏季湖泊水、湖泊水+沉积物两种水体系统，通过设计实验室内静态、实验室外静态和实验室内动态实验，模拟不同水体系统中、不同环境条件下、不同营养盐浓度下，蓝藻的演变和水华过程，并探寻其发生生态临界效应的营养盐阈值，并探寻沉积物作用、水体深度和水体低流速可能对湖泊中蓝藻水华的营养盐阈值产生的作用影响，以为我国湖泊蓝藻水华的发生机理机制和控制提供依据，并对同类湖泊的蓝藻水华研究起到借鉴作用。

4.1 蓝藻水华室内静态营养盐生态阈值实验

4.1.1 实验设计

1. 实验思路

通过研究在人工智能培养箱中，在蓝藻适宜的温度、光照、无其他生态因子干扰条件下，在每天定时搅拌水体的静态状态下，采集湖泊水体、采集湖泊水体+沉积物两种不同条件下蓝藻演变和水华形成过程中的 Chl-a 的变化趋势，分析 Chl-a 与生物可利用的氮磷浓度的响应关系，用 Monod 方程模型得到蓝藻水华的半饱和浓度和饱和浓度下的最大比生长率，建立外源营养盐与蓝藻水华过程中实际的最大比增长率之间的曲线，用 1stOpt 软件进行曲线拟合，根据拐点计算蓝藻水华发生的氮磷阈值。

2. 实验设计优化

（1）由于本实验是以实际的湖泊水体的水质条件为基础的，所以在营养盐阈值实验中外源添加多少氮、磷营养盐才会保证添加的营养盐能够刺激原湖水藻类生物群的生长，是要研究的问题；同时由于通常实际湖泊水中的 N 和 P 浓度已经比较高，一方面要防止添加过多营养盐而导致对原藻类群落生长的抑制，另一方面添加过多的营养盐不能真实反映营养盐变化和原藻类的生态响应关系。根据富营养化湖泊的实际情况，湖泊的生态系统是一个动态过程，即湖泊的外源氮磷营养盐和内源氮磷营养盐是在不断动态变化的，而蓝藻水华的发生正是在这种动态变化的环境中达到累积效应后，演变和发生响应起来的，因此以往的蓝藻水华生态学实验中一次性添加初始氮磷浓度的方法有待优化。

（2）在确定了营养盐添加强度后，对于营养盐的添加方式问题有待讨论。国外学者有两种添加方式，一是采用一次性添加，二是采用分次添加。根据我国学者 [147] 的实验结果：一次性添加营养盐，可能直接抑制藻类生长；因此本研究选择国外争论中的另一种添加方式——每天平均分次添加营养盐培养方式。

（3）根据上述思想，本研究根据微积分思维，采用分次微元添加营养盐方法，即每天微量添加氮磷营养盐的外源氮磷营养盐输入方式。同时，国内外文献指出，藻华发生不仅与水体中氮磷营养盐浓度有关，而且与其形态也有很大的关系，其中生物可利用的氮磷对藻华发生的驱动作用远大于总氮和总磷 [137-139]。同时国内外文献中的总氮和总磷的阈值都是根据实验水体的可利用的氮（DIN）与总氮的比，可利用性磷（SRP）与总磷的比来求得的。本实验从实际湖泊的外源氮磷营养盐积累效应出发，通过添加无机氮磷，即藻类可以直接吸收利用的氮磷，计算出水中生物可利用氮磷的累积效应浓度，得出蓝藻水华发生的 DIN 和 SRP 的阈值，最后可以通过实际水体的可利用的氮与总氮的比，可利用性磷与总磷的比来求出总氮和总磷的阈值浓度。

3. 室内静态模拟蓝藻水华发生营养盐生态阈值实验设计

对每个实验组均投加等量的铜绿微囊藻的纯藻种，处理组移入智能光照培养箱进行培养（实验条件和实验装置见本书第 2.1 节），培养条件为：温度：25℃，光暗比：12h：12h，光强：4500 lx。每天定时搅拌 4 次。实验分为湖泊水体、湖泊水体和沉积物两种水体系统，其来源均为太湖竺山湾（各项指标见本书 2.2 节）。每种水体系统中均含 5 组营养盐添加梯度，采用每天上午 9 点，进行微量添加，添加药品为 KH_2PO_4 和 $NaNO_3$。每组实验处理组的每天投加药品浓度梯度见表 4-1 所示。对于 P 处理组，实验初始阶段均添加充足 $NaNO_3$、$NaHCO_3$，消除 N、C 的影响；对于 N 处理组，实验初始阶段初始添加充足 KH_2PO_4、$NaHCO_3$，消除 P、C 的影响；未添加营养盐的实验组作为对照组。每组 3 个平行样，实验周期为 30 天左右。实验设计如表 4-1 所示。

表 4-1 蓝藻水华发生营养盐阈值实验设计

编号	实验水样配置	初始水体	每日添加量	实验目的
	P 添加实验组	SRP（mg/L）	KH_2PO_4（以 P 计，mg L^{-1} d^{-1}）	
1	湖泊水	0.046	0	对照组
2	湖泊水	0.046	0.001	P 阈值
3	湖泊水	0.046	0.003	P 阈值
4	湖泊水	0.046	0.005	P 阈值
5	湖泊水	0.046	0.008	P 阈值
6	湖泊水+沉积物	0.046	0	对照组
7	湖泊水+沉积物	0.046	0.001	P 阈值，对比底泥
8	湖泊水+沉积物	0.046	0.003	P 阈值，对比底泥
9	湖泊水+沉积物	0.046	0.005	P 阈值，对比底泥
10	湖泊水+沉积物	0.046	0.008	P 阈值，对比底泥
	N 添加实验组	DIN（mg/L）	$NaNO_3$（以 N 计，mg L^{-1} d^{-1}）	
11	湖泊水	0.55	0	对照组
12	湖泊水	0.55	0.005	N 阈值
13	湖泊水	0.55	0.01	N 阈值
14	湖泊水	0.55	0.02	N 阈值
15	湖泊水	0.55	0.05	N 阈值
16	湖泊水+沉积物	0.55	0	对照组

（续表）

编号	实验水样配置	初始水体	每日添加量	实验目的
17	湖泊水+沉积物	0.55	0.005	N 阈值，对比底泥
18	湖泊水+沉积物	0.55	0.01	N 阈值，对比底泥
19	湖泊水+沉积物	0.55	0.02	N 阈值，对比底泥
20	湖泊水+沉积物	0.55	0.05	N 阈值，对比底泥

4.1.2 蓝藻水华的生态响应

1. 磷对蓝藻生长的影响

图 4-1 是在本实验的 P 添加的实验组中，不同 P 的添加梯度下，在整个实验过程中铜绿微囊藻的 Chl-a 的最大值。通过图可以看到，在本实验的 P 浓度添加范围内，随着添加的 P 浓度的升高，湖泊水、湖泊水+沉积物两种系统的铜绿微囊藻的 Chl-a 的最大值均整体上升，这表明在实验过程中，P 对铜绿微囊藻的生物量产生限制，是铜绿微囊藻的限制因子。而比较湖泊水、湖泊水+沉积物中的 Chl-a 的最大值，湖泊水+沉积物系统的 Chl-a 的最大值均比同一 P 添加量下，湖泊水的 Chl-a 的最大值要高（除了编号 4 与 9 号的浓度梯度），这可能与沉积物的内源 P 的释放，促进了铜绿微囊藻生物量增加有关。

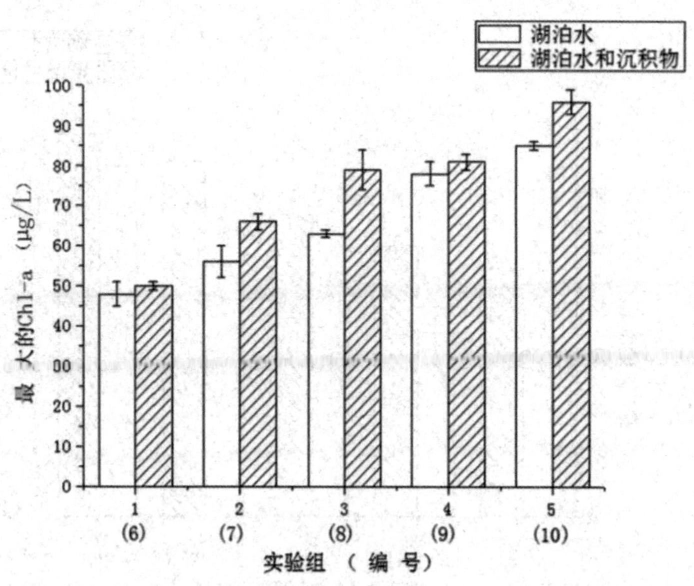

图 4-1 不同 P 添加组中实验期内最大的 Chl-a 浓度

2. 氮对蓝藻生长的影响

图 4-2 是在本实验的 N 添加的实验组中，不同 N 的添加梯度下，整个实验过程中铜绿微囊藻的 Chl-a 的最大值。通过图可以看到，在本实验的 N 浓度添加范围内，随着添加的 N 浓度的升高，湖泊水、湖泊水+沉积物两种系统的铜绿微囊藻的 Chl-a 的最大值均整体上升，这表明在实验过程中，N 对铜绿微囊藻的生物量产生限制，同样也是铜绿微囊藻的限制因子。而比较湖泊水、湖泊水+沉积物中的 Chl-a 的最大值，湖泊水+沉积物系统的 Chl-a 的最大值均比同一 N 添加量下，湖泊水的 Chl-a 的最大值要高，这可能与沉积物的内源 N 的释放，促进了铜绿微囊藻的生物量的增加有关。

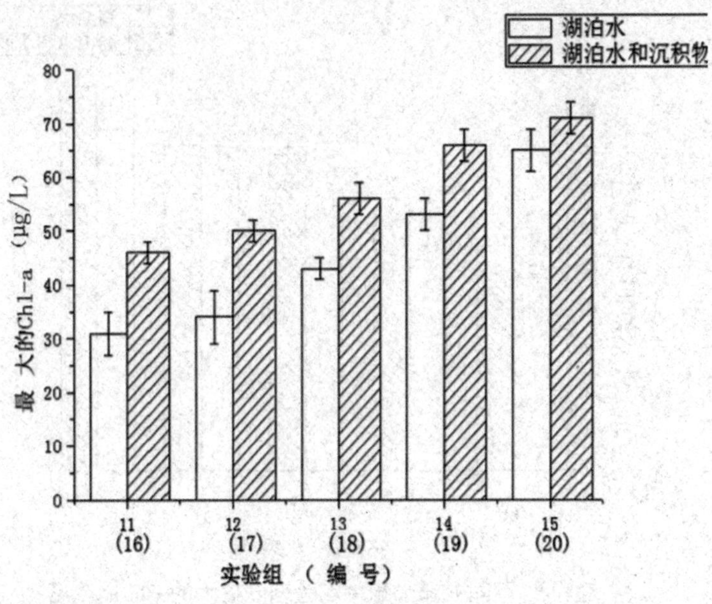

图 4-2 不同 N 添加组中实验期内最大的 Chl-a 浓度

4.1.3 沉积物对蓝藻水华发生的营养盐作用分析

根据文献[140-143]表明，在湖泊的生态系统中，沉积物是 N、P 营养盐循环的重要的源和汇，在水-沉积物的界面会产生剧烈的生物地球化学作用，其释放途径通常表现为沉积物间隙水中溶解性的营养盐（TDP 和 TDN）通过界面向上传输，从而影响湖泊化学性质。有研究发现，间隙水中营养盐的分布情况与湖泊的内源负荷是直接相关的[144-146]。因此，可以说间隙水中溶解性总氮和溶解性总磷是界面生物地球化学反应的灵敏指示剂。在底泥沉积物与上覆水的界面处，存在 N、P 营养盐的交换，其机制通常包含两个部分，一是沉积物的表层悬浮作用，另一个是间隙水中溶解性总磷和溶解性总氮的扩散过程，表现为间隙水中的 TDP 和 TDN 向底泥表明扩散并向湖泊的上覆水体继续扩散。间隙水中的扩散作用是属于物理分子扩散，通常由 TDP 和 TDN 的浓度差决定的，即由高浓度向低浓度进行物理转移[147]。同时，沉积物间隙水中 N、P 的浓度能够直接反映出湖泊生态系统底质环境的优劣情况。因此，探明湖泊间隙水中的 TDP 和 TDN 的浓度有助于更好地了解 N、P 在整个生态系统中的循环过程，也有利于更好地探寻蓝藻水华过程中底泥沉积物的影响作用。本研究采用湖泊中表层沉积物的间隙水，因此其直接与上覆水体接触，更易受外界影响。

本研究对湖泊水+沉积物处理组中的实验中期时间（15d）的沉积物间隙水和上覆水体可溶性的氮磷浓度进行比较分析，如图 4-3 和图 4-4 所示。

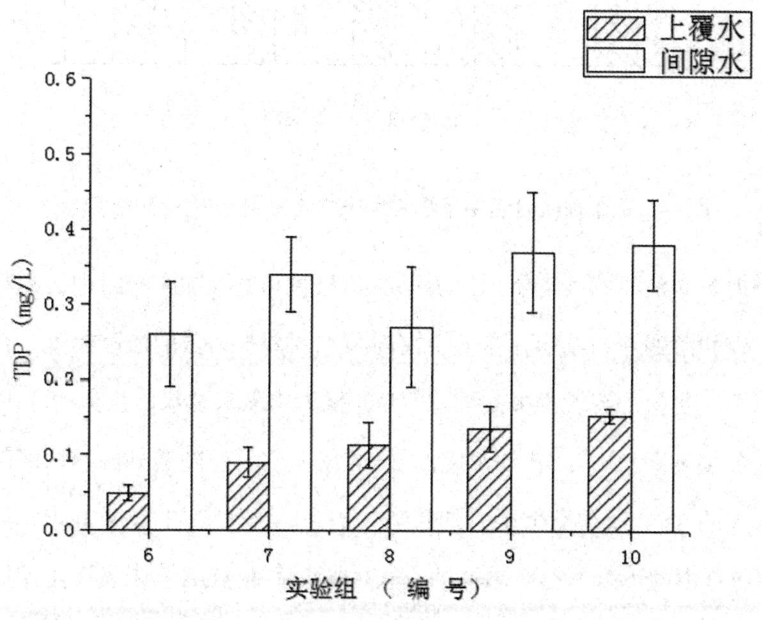

图 4-3　磷添加实验组中沉积物间隙水与上覆水中磷浓度（15d）

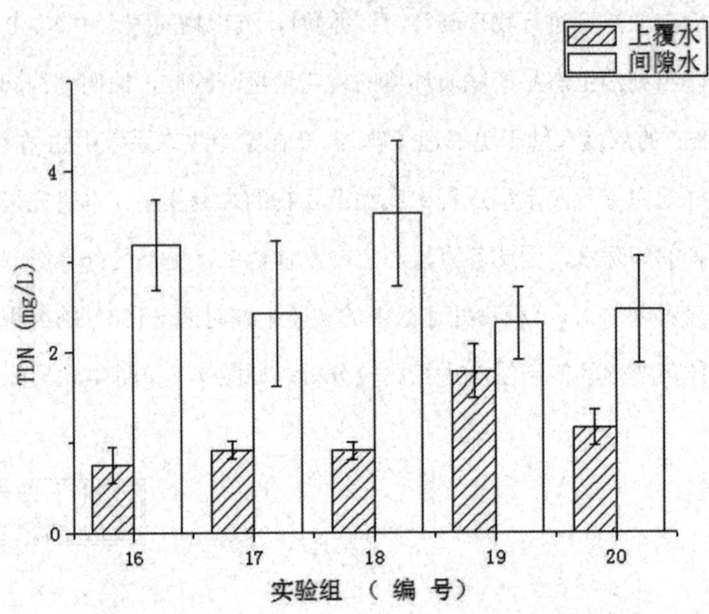

图 4-4 氮添加实验组中沉积物间隙水与上覆水中氮浓度（15d）

根据图 4-3 和图 4-4 所示，磷添加实验组和氮添加实验组中沉积物中的溶解性总磷和溶解性总氮均存在一个由间隙水向湖水扩散的浓度梯度。在磷添加实验组中，实验的沉积物中间隙水 TDP 整体均高于湖水，且其间隙水的 TDP 的浓度分别是湖水中 TDP 的浓度的 2～4 倍左右，但随着外源磷浓度的递增，上覆水中的 TDP 呈现整体上升的趋势，但是间隙水中的 TDP 并未相应地同步上升，而是不同程度的小范围波动，与上覆水体的 TDP 并未表现出明显的相关性。在氮添加实验组中，随着外源氮浓度的递增，实验的沉积物中间隙水 TDN 整体均高于湖水，且其间隙水的 TDN 的浓度分别是湖水中 TDN 的浓度的 1.2～3 倍左右，但随着外源氮浓度的递增，上覆水中的 TDN 呈现整体上升的趋势，但是间隙水中的 TDN 并未相应地同步上升，而是不同程度的小范围波动，与上覆水体的 TDN 并未表现出明显的相关性。

总的来说，磷添加实验组中，沉积物间隙水中 TDP 的浓度均比上覆湖水中 TDP 的浓度要大，存在一个高浓度向低浓度扩散的过程，即在本实验的蓝藻水华的发生过程中，间隙水中以溶解性的磷向上覆湖水中释放。王晓蓉等（1996）[148]研究表明，藻类的生长和沉积物中 P 的释放是相互促进的。因此在磷添加实验组中，蓝藻水华的发生也会促进沉积物中内源磷的释放，而内源的溶解态磷通过间隙水的浓度扩散作用，直接增加上覆湖水中的溶解态磷的浓度，为蓝藻水华的发生提供更多的溶解态磷酸盐的支持。何桐等人（2008）[149]的研究表明，上覆水体与间隙水体中磷的浓度均未出现明显相关性，这与本实验的研究结果一致，由于磷营养盐的循环在湖泊的生态系统中十分复杂，因此，间隙水中的磷浓度对湖泊水体中磷浓度并非起到决定作用，但明显增加了上覆水体中的溶解态磷的含量，从而改变湖泊水体中磷的动态质量平衡，并可能会通过改变水中磷含量而影响该区域内的蓝藻水华发生的磷阈值浓度。

在氮添加实验组中，沉积物间隙水中 TDN 的浓度均比上覆湖水中 TDN 的浓度要大，存在一个高浓度向低浓度扩散的过程，即在本实验蓝藻水华发生过程中，间隙水中以溶解性的氮向上覆湖水中释放。根据文献表明，在水中的溶解态氮通常包括氨氮和硝态氮，而沉积物中的氮主要以氨氮的形态向上覆水中扩散，为其提供氮营养盐的供给[150]。沈亦龙等人[151,152]研究发现，沉积物中间隙水的氮浓度与上覆水中的氮浓度完全无相关性，这与本实验的研究结果一致，由于氮营养盐的循环在湖泊的生态系统中也十分复杂，因此，间隙水中氮浓度对湖泊水体中氮浓度不是决定因素，但明显地增加了上覆水体中溶解态氮的含量。通常来说，沉积物的氨氮的释放与沉积物自身的污染状况、生物作用、溶解氧、温度、水动力学等密切相关。通常在富营养化严重的湖泊区域，沉积物中的有机质含量大，且底泥表层的微生物种类和数量常常很多，会发生大量的生物分解过程，导致沉积物表层的溶解性下降很快，而形成了还原状态的环境，适合高价态氮向低价态氮转变，促使该区域的氨化作用和反硝化作用加强，从而沉积物表层释放到间隙水中的氨氮更多。在本实验的蓝藻水华的发生过程中，蓝藻由于自身的悬浮特性，会大量集聚于水体表层，从而会促进水体底层溶解氧的减少，加强沉积物表层的氨化作用和反硝化作用，促进间隙水中以氨氮为主的溶解态氮的释放。而间隙水中更多的溶解态的氮通过浓度差扩散到湖水中，明显地增加上覆水体中溶解态氮的含量，从而改变湖泊水体中氮的动态质量平衡，并可能会通过改变水中氮含量而影响该区域内的蓝藻水华发生的氮阈值浓度。

4.1.4 蓝藻水华的生态动力学研究

在蓝藻水华的生态过程中，不同实验组的蓝藻生长对数期的比增长率与不同实验组的氮磷浓度进行数值分析，通过 Monod 方程，可以得到不同实验组蓝藻水华的半饱和常数和饱和浓度状态下的最大比生长率，由于本实验是基于微积分思想，采用累积添加营养盐的方式，因此其得到的生长动力学参数也为累积效应下的参数值。如表 4-2 所示。

表 4-2 铜绿微囊藻的比生长率与氮磷浓度 Monod 方程模拟结果

水样	限制底物	回归方程	R^2	μ_{max} d^{-1}	Ks （mg/L）
湖泊水	SRP	$y = 0.022x + 0.972$	0.725	0.862	0.026
	DIN	$y = 0.189x + 1.031$	0.767	0.856	0.145
湖泊水+沉积物	SRP	$y = 0.028x + 1.366$	0.638	0.902	0.019
	DIN	$y = 0.114x + 1.017$	0.894	0.894	0.127

本实验得到了在湖泊水体、湖泊水体和沉积物两种不同的水体系统中，在实验室静态培养条件下，蓝藻水华发生过程中的生长动力学参数。研究表明[153]，Ks 值

是评价藻类对营养盐亲和性的指标，*Ks* 越小，表明越小的营养盐浓度就可以达到饱和浓度下藻类生长供应速率的最大值的一半，即亲和性越好。反之，则亲和性越差，需要的营养盐浓度越高。从本实验的研究结果来看，不论在湖泊水体系统中，还是在湖泊水+沉积物共同系统中，以 SRP 为限制底物的 *Ks* 要远远地低于以 DIN 为限制底物的 *Ks* 值，因此，表明铜绿微囊藻对 SRP 比对 DIN 的亲和性更好，也就是说，SRP 的增加会对铜绿微囊藻的生长增殖更有促进作用，这一结果与郑朔方等人[121]的研究结果一致。

对比同一实验条件下的湖泊水、湖泊水+沉积物中的*Ks*值，发现以SRP为限制底物，湖泊水的*Ks*值要大于湖泊水+沉积物组；以DIN为限制底物，湖泊水的*Ks*值要同样大于湖泊水+沉积物组；这表明了在湖泊水+沉积物水体系统中，当SRP限制时，SRP的增加对铜绿微囊藻的生长增殖的促进作用水平要强于湖泊水系统；当DIN限制时，DIN的增加对铜绿微囊藻生长增殖的促进作用水平要强于湖泊水系统。这一结果可能是因为湖泊水+沉积物系统中，蓝藻水华的发生过程中，沉积物中溶解态的氮磷营养盐向上覆水体释放，增加了上覆水体溶解态氮磷的浓度，为蓝藻水华提供了更多的营养盐支持，促进了蓝藻水华的发生。

4.1.5 氮磷营养盐生态阈值

1. 实验室内静态实验的蓝藻水华的营养盐生态阈值结果

蓝藻水华的最大比增长率即为蓝藻生长的生态过程中，在对数期时期，生长的实际最大比增长率。将每个实验组的可利用的氮和磷浓度累加相加后，与对应的蓝藻水华过程中的最大比增长率作关系曲线，得到营养盐与实际最大比增长率的剂量-效应关系，如图4-5所示。使用1stOPt数值分析软件，对不同条件实验的实际最大比增长率进行拟合分析。然后采用反解算法，根据曲线的方程，求其接近其中的最大值并距离95%处对应的拐点值，得出对应的SRP和DIN的生态饱和浓度，即为蓝藻水华发生的SRP和DIN的生态阈值，见表4-3。

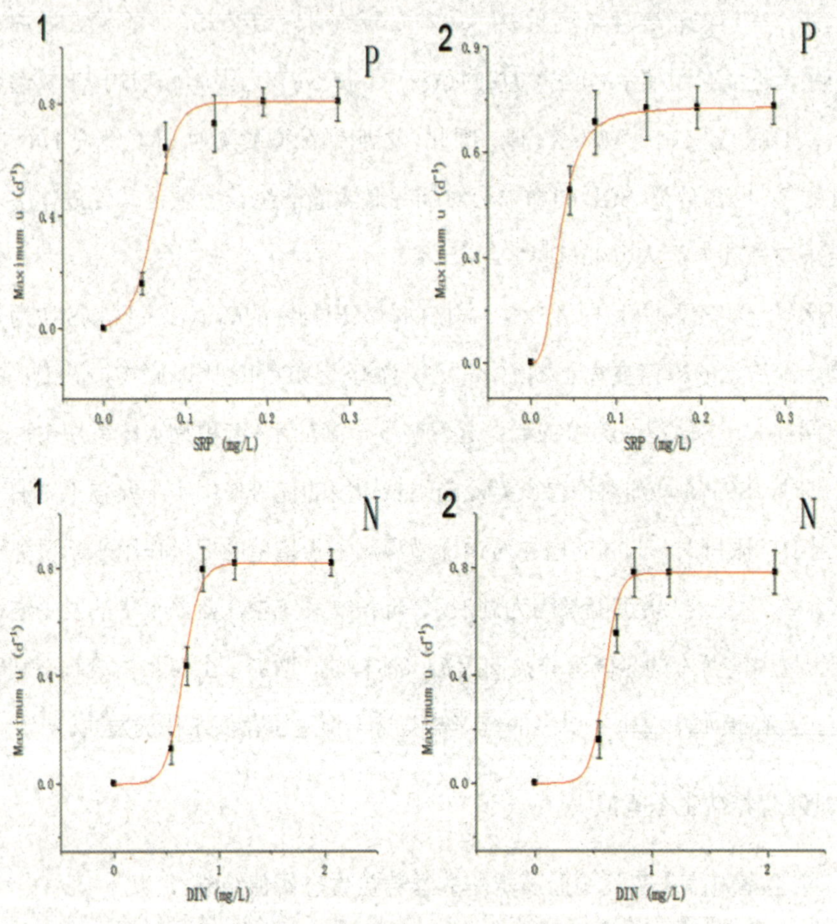

（1：湖泊水组；2：湖泊水+沉积物组）

图 4-5 营养盐对蓝藻的实际最大比增长率的影响

表 4-3 蓝藻水华发生营养盐生态阈值统计

水样	添加方式	拟合方程	拐点值 mg/L	误差范围
湖泊水	磷	y=0.99714+ln（0.993923-0.00042/x）	SRP：0.119	<5%
	氮	y=1.06337+ln（0.85432-0.00598/x）	DIN：0.993	<5%
湖泊水+沉积物	磷	y=0.99348+ln（0.993221-0.00037/x）	SRP：0.099	<5%
	氮	y=1.00982+ln（0.84001-0.00342/x）	DIN：0.881	<5%

通过图 4-5 营养盐对蓝藻的实际最大比增长率的影响和表 4-8 可以知道，在本实验条件下，不同的水体系统中，SRP 和 DIN 浓度对蓝藻生长的作用不同。在湖泊水系统中，当累积的外源 SRP 浓度在 0～0.119 mg/L 左右时，铜绿微囊藻的实际最大比增长率会随着 SRP 的增加而显著上升，而累积的外源 SRP 浓度超过 0.119 mg/L 之后，铜绿微囊藻实际的最大比增长率随着 SRP 浓度的增加会出现保持小范围稳定甚至略微下降的趋势，即铜绿微囊藻的实际最大比增长率在外源 SRP 为 0.119 mg/L 左右时有拐点，出现了实际最大比增长率的状态跃迁，表现为蓝藻系统的生态临界效应的发生，进入蓝藻水华的阶段，此后外源 SRP 超过 0.119 mg/L 后，蓝藻的实际最大比增长率持平或者出现略微下降，因此外源 SRP 为 0.119 mg/L 即为本实验条件下蓝藻水华的 SRP 阈值。根据铜绿微囊藻生态动力学分析，SRP 浓度的增加对促进铜绿微囊藻生长的作用更大，但并不能忽略 DIN 的浓度对蓝藻生长的影响。同样，当累积的外源 DIN 浓度在 0～0.993 mg/L 左右时，铜绿微囊藻的实际最大比增长率会随着 DIN 的增加而显著上升，而累积的外源 DIN 浓度超过 0.993 mg/L 之后，铜绿微囊藻实际的最大比增长率随着 DIN 浓度的增加会出现保持小范围稳定甚至略微下降的趋势，即铜绿微囊藻的实际最大比增长率在外源 DIN 为 0.993 mg/L 左右时有拐点，出现了实际最大比增长率的状态跃迁，表现为蓝藻系统的生态临界效应的

发生，进入蓝藻水华的阶段，因此外源 DIN 为 0.993 mg/L 即为本实验条件下蓝藻水华的 DIN 阈值。在湖泊水+沉积物实验组中，当累积的外源 SRP 浓度在 0～0.099 mg/L 左右时，铜绿微囊藻的实际最大比增长率会随着 SRP 的增加而显著上升，之后出现拐点，即实际最大比增长率出现状态跃迁，表现为蓝藻系统的生态临界效应的发生，进入蓝藻水华的阶段，因此外源 SRP 为 0.099 mg/L 即为本实验条件下蓝藻水华的 SRP 阈值；当累积的外源 DIN 浓度在 0～0.881 mg/L 左右时，铜绿微囊藻的实际最大比增长率会随着 DIN 的增加而显著上升，之后出现拐点，即实际最大比增长率出现状态跃迁，表现为蓝藻系统的生态临界效应的发生，进入蓝藻水华的阶段，因此外源 DIN 为 0.881 mg/L 即为本实验条件下蓝藻水华的 DIN 阈值。因此，铜绿微囊藻利用水中的外源 SRP 和 DIN 的能力存在一定程度的阈值，并非 SRP 或 DIN 的外源含量越高，则铜绿微囊藻的生长速率会越快，当 SRP 或 DIN 的含量达到蓝藻所需的饱和浓度的时候，铜绿微囊藻的生长速率不会因为 SRP 或 DIN 的含量的升高而发生很大的变化。总的来说，在本实验条件下的湖泊水体系统中，当 SRP 浓度达到 0.119 mg/L（N 充足的情况下），DIN 浓度达到 0.993 mg/L（P 充足的情况下）时，为铜绿微囊藻的饱和浓度，而超过这一浓度后，铜绿微囊藻的生长速率处于非生态响应阶段。在本实验条件下的湖泊水体和沉积物系统中，当 SRP 浓度达到 0.099 mg/L（N 充足的情况下），DIN 浓度达到 0.881 mg/L（P 充足的情况下）时，为铜绿微囊藻的饱和浓度，而超过这一浓度后，铜绿微囊藻的生长速率处于非生态响应阶段。

根据王霞等人[102]的研究，自然水体中的 P 的通常分为胶体、溶解态的和悬浮态的磷，而藻类通常可以直接吸收利用的 P 为溶解性无机磷（SRP）。然而根据文献[154,155,156]表明，在水体中，藻类可以通过改变碱性磷酸酶的活性，利用溶解性有机磷（DOP）水解后转化成 SRP 而被藻类吸收利用，使得维持藻类的生长和繁殖的营养盐需要。根据目前已有的文献[157]表明，在某些水体中，DOP 的浓度是 SRP 浓度的两倍，且大约 60%左右的 DOP 是可以被利用的，即通过碱性磷酸酶的活性的提升后，将 DOP 水解成 SRP。根据高光、秦伯强[62]等人的研究，太湖水体中的碱性磷酸酶作用的 SRP 浓度阈值为 0.02 mg/L。在本实验中，采集的湖泊水体均来自太湖，且湖泊水、湖泊水+沉积物组中的 SRP 浓度整体均大于 0.02 mg/L，超过了太湖湖泊中的碱性磷酸酶作用的 SRP 浓度阈值，因此由于湖水中的碱性磷酸酶的活性太低，而未发生 DOP 的水解作用，因此 SRP 的含量为本实验中的水体中实际有效的磷（AP）的含量。根据高光等人[158]（2006）的研究表明，通过对太湖的长期研究发现，SRP 是藻类生物可利用的有效的磷，且太湖中的有效磷占总磷的 60% 左右；DIN 是藻类生物可利用的有效氮，且有效的氮占总氮的 50 %左右。根据以上的关系和本研究实验期间实际测得水体中各形态氮磷的浓度关系可知，将总磷中溶解性反应磷所占比例计算总磷阈值[159]，总氮中可利用的氮所占比例计算总氮阈值，从而得到在湖泊水系统中，蓝藻水华的 TP 的生态效应阈值为 0.20 mg/L，TN 的生态效应阈值为 2.0 mg/L；在湖泊水+沉积物系统中，蓝藻水华的 TP 的生态效应阈值为 0.17 mg/L，TN 的生态效应阈值为 1.8 mg/L。

2. 沉积物及其生态弹性对营养盐生态阈值的影响

对比湖泊水系统、湖泊水+沉积物系统的 SRP 和 DIN 的蓝藻水华的阈值，可以看到，湖泊水的 SRP 阈值和 DIN 阈值均比湖泊水+沉积物中的 SRP 阈值和 DIN 阈值要高，这可能与在生态系统中，沉积物中的 TDP 和 TDN 向上覆水体的释放有直接关系。通过前文实验中的研究发现，磷添加实验组中，沉积物间隙水中 TDP 的浓度均比上覆湖水中 TDP 的浓度要大，即在本实验的蓝藻水华的发生过程中，间隙水中以溶解性的磷向上覆湖水中释放。王晓蓉等（1996）[148]研究表明，藻类的生长和沉积物中 TDP 的释放是相互促进的。因此在湖泊水+沉积物的磷添加实验组中，蓝藻水华的发生也会促进沉积物中内源磷的释放，而内源的溶解态磷通过间隙水的浓度扩散作用，直接增加上覆湖水中的溶解态磷的浓度，为蓝藻水华的发生提供更多的溶解态磷酸盐的支持，因此蓝藻外源 SRP 的生态响应临界浓度，即饱和浓度由于沉积物的促进作用而更低。在氮添加实验组中，沉积物间隙水中 TDN 的浓度均比上覆湖水中 TDN 的浓度要大，即在本实验的蓝藻水华的发生过程中，间隙水中以溶解性的氮向上覆湖水中释放。范成新等（2000）[141]研究表明，湖泊区域富营养化越严重，沉积物中的有机质含量越大，则沉积物表层微生物的生物分解过程越多，促使该区域的氨化作用和反硝化作用加强，从而沉积物表层释放到间隙水中的溶解态氮，尤其是氨氮更多。这与本研究的结果一致，在本实验的蓝藻水华的发生过程中，蓝藻由于自身的浮动机制，大量集聚在水体表层，从而会促进水体底层溶解氧的减少，加强沉积物表层的氨化作用和反硝化作用，促进了间隙水中以氨氮为主的溶解态氮的释放。即藻类的生长和沉积物中 TDN 的释放也存在相互促进的关系，沉积物的 TDN 的释放为蓝藻水华的发生提供更多的溶解态氮的支持，因此蓝藻的外源 DIN 的生态响应临界浓度，即饱和浓度由于沉积物的促进作用而更低。

另外，根据生态弹性的相关研究[160-162]，富营养化湖泊中蓝藻水华的发生是一个很典型的系统跨越阈值的例子。氮磷的营养盐输入到湖泊中并不断积累，湖水中氮磷浓度不断升高，并在湖泊沉积物中贮存起来，藻类会快速生长，使得清澈的湖泊水变得浑浊。湖水中的氮磷的浓度取决于两个方面，一是湖泊本身的氮磷本底浓度，二是湖泊沉积物中的氮磷浓度。如果湖泊沉积物中的氮磷浓度太低，它便会从水中吸收营养盐，此时，通常仅有少量的营养盐被释放回水中，湖水中的藻类便会缺乏氮磷来源而无法长久维持自身的生长，藻类水华无法发生，湖水随着藻类的死亡而逐渐变得清澈。

所以，当湖泊沉积物的氮磷浓度变低，水体中的氮磷浓度也会降低，湖泊生态系统具有生态弹性，即使外源输入到湖水中氮磷浓度突然增加，但由于湖泊沉积物可以储存一定量的氮磷（这个量就是底泥沉积物能够存储的营养盐含量），湖中的蓝藻不能大量生长而发生水华，湖水能够维持清澈。

根据生态弹性理论的球-盆模型，球所处的位置，纵坐标代表了湖泊生态系统的状态，横坐标代表对应的氮磷浓度。如图 4-6（a）中，此时低磷和低藻的湖水反映生态系统在平衡状态，球处于引力域盆体底部，引力域盆体的大小是生态弹性理论中，湖泊在能够自我修复的范围内，可最大程度接纳营养盐的浓度。氮磷浓度如果改变，球在盆体中的位置就会相应地改变，在这个湖泊自我修复的范围内，湖泊生态系统依旧保持其原有的生态状态，维持其原有的生态功能。因此，湖泊生态系统对外源的氮磷的输入具有完全的弹性恢复力。

当氮磷在湖泊的底泥沉积物中长期累积，就有可能发生生态系统的状态跃迁，形成新的生态，阈值也就逐渐形成。如图 4-6（b）中，当湖水中的营养盐不断外源加入后，藻类会大量生长，死亡的藻类下沉到湖底并分解腐烂，消耗底层水体的氧气，在低氧情况下，底泥沉积物的氮磷营养盐会在微生物的作用下不断释放到湖水中，从而使湖水中的氮磷浓度突然增大甚至远超外源输入营养盐的累积浓度，即使外源输入的营养盐的累积浓度并不算高的情况下，湖水中的氮磷也足够维持蓝藻的大量生长和繁殖，球-盆体系统中的盆体变平，新盆体逐渐出现。

随后生态系统跨越阈值，如图 4-6（c）中所示，即使外源输入的营养盐的累积浓度并不算高，但由于沉积物的营养盐大量释放，藻类水华开始发生，湖泊逐渐失去生态弹性，新盆体最终出现，湖泊因为蓝藻水华的发生而表现为浑浊状态。

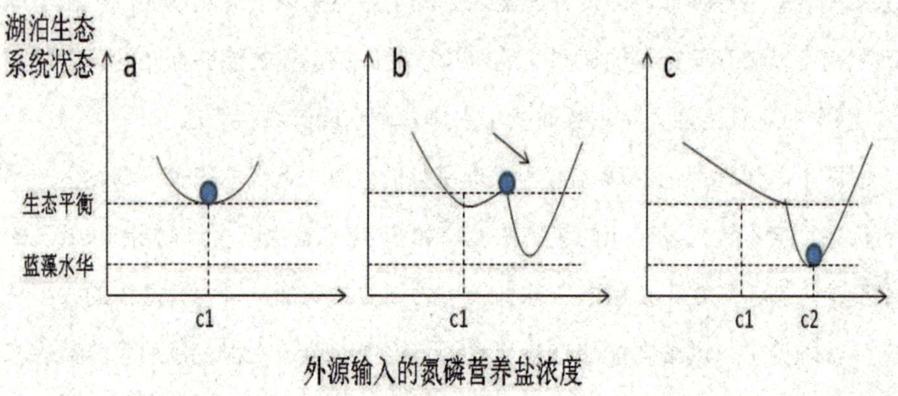

图 4-6 生态弹性：营养盐持续输入导致湖泊+沉积物生态系统的蓝藻水华的发生

因此，在湖泊水+沉积物的生态系统中，随着外源输入的氮磷浓度的增加，沉积物中的氮磷浓度随之增加，生态系统能够承受外界氮磷输入的生态弹性下降，而作为推动生态系统发生状态跃迁（蓝藻水华的发生），所对应的湖水的外界的氮磷输入所需要的浓度就越来越少，所以只需要更少的氮磷输入，就能推动蓝藻水华的发生，因此在湖泊水+沉积物的生态系统中比单纯的湖泊水的系统的外源输入氮磷的生态阈值要低。

3. 营养盐生态阈值的对比分析

美国环保署[118]将 TP 浓度为 0.05 mg/L，SRP 浓度为 0.025mg/L 作为湖泊或水库 P 浓度的上限值。这与本实验中的 TP 和 SRP 的阈值浓度存在差异。这是因为正如本书在第 1 章的国内外营养盐阈值探讨部分中所说，由于国内外的特定湖泊水体的差异，以及湖泊中藻类发生的水华的种类存在不同，不能简单把国外的营养盐标准与国内的湖泊情况作为参考，这一点也从本书第 1 章中对我国地表水水质质量标准的湖泊营养盐标准与国外的研究结果存在一定的矛盾可以证明。

在我国学者的研究中，王霞等人（2006）[102,163]对松花江湖提取的夏季优势藻种铜绿微囊藻在 M-11 培养基中，在温度 25 ℃，照度 2000 lx 条件下，进行了藻类增长潜力实验，并认为在该藻类生长的总磷和总氮阈值分别是 0.065 mg/L 和 0.843 mg/L; 该研究的 TP 和 TN 的阈值比本实验的湖泊水体系统的阈值结果均小，可能是因为研究水体的内在因素不同。M-11 培养基为灭菌后的各个水质指标均为最适宜铜绿微囊藻生长的浓度，而本实验中的水体为太湖竺山湾采集的湖泊水体，水体中成分非常复杂，杜萍等人（2010）[164]的研究表明，水体富含多种微生物群落，如无机磷细菌、有机磷细菌、反硝化细菌和氨化细菌等，可能对铜绿微囊藻的营养盐产生一定程度的竞争，而影响了蓝藻水华的生态效应。杨龙等人（2009）[104]对密云水库的夏季的原水混合藻种（以绿藻为主）在原水与 BG-11 培养基混合水体中进行藻类增长潜力实验，并认为水库发生富营养化的总磷阈值为 0.053～0.064 mg/L; 该研究的 TP 阈值比本实验的 TP 阈值结果小，可能一方面跟研究水体中的微生物存在竞争有关系，且根据研究[165]表明，水中的微量元素对藻类生长存在不同程度的影响，因此 BG-11 培养基与太湖湖水中的微量元素存在很大差异；另一方面跟藻种有重要关系。根据文献[166]表明，藻类的种群结构演替与氮磷营养盐浓度和季节的温度变化直接相关。因此不同藻种的生态效应临界的营养盐浓度存在差异。许海等人（2010）[109]在太湖梅梁湾秋夏时对原湖水中占 90%以上的微囊藻进行了异位培养的营养盐富集实验，得到当富集的可溶性磷（SRP）大于 0.2 mg/L，可溶性氮（DIN）大于 0.8 mg/L 的时候，蓝藻将不受氮磷营养盐限制，即发生了生态临界效应。该研究结果中本实验的湖泊水体系统的 SRP 阈值结果偏大，而与 DIN 的阈值结果近似。这可能是由于一方面，研究的区域为太湖的梅梁湾和竺山湾，水质指标存在一定程度的差异，另一方面是实验室和真实湖泊现场条件的差异可能使得阈值结果存在偏差，根据文献[167-171]表明，藻类的水华与温度、光强、营养盐有关，也与湖水中的微量元素、底泥释放和风浪扰动有关。特别是像太湖、滇池等浅水湖泊的风浪扰动的影响作用不小。因此本实验条件下的蓝藻水华的氮磷阈值可能与实际真实湖泊水体的氮磷阈值存在一定差异，但是对真实湖泊水体的蓝藻水华的发生阈值生态学研究具有借鉴作用。

4.2 蓝藻水华室外静态营养盐生态阈值实验

4.2.1 实验设计

1. 实验思路

通过研究在实验室外自然条件中，自然的温度，光照下，在每天定时搅拌水体的静态状态下，采集湖泊水体，采集湖泊水体+沉积物三种不同尺度条件下蓝藻演变和水华形成过程中的 Chl-a 的变化趋势，分析 Chl-a 与生物可利用的氮磷浓度的响应关系，用 Monod 方程模型得到蓝藻水华的半饱和浓度和饱和浓度下的最大比生长率，建立外源营养盐与蓝藻水华过程中实际的最大比增长率之间的曲线，用 1stOpt 软件进行曲线拟合，根据拐点计算蓝藻水华发生的氮磷阈值。

2. 实验设计优化

根据蓝藻水华发生的室内静态营养盐阈值实验的优化实验设计的思想（参见本书第 4 章 4.1.1），本研究也根据微积分思维，采用分次微元添加营养盐方法，即每天微量添加氮磷营养盐的外源氮磷营养盐输入方式。

由于我国发生蓝藻水华的湖泊常常为浅水型湖泊，如太湖、滇池等，因此这类湖泊的较浅的水深和沉积物的释放吸附对蓝藻水华可能存在某种程度的影响，为了更进一步地研究蓝藻水华的营养盐阈值的内在机制，本书对生态系统中不同水层的营养盐阈值进行进一步研究，以探讨不同水层对蓝藻水华的影响。

3. 室外静态模拟蓝藻水华发生营养盐生态阈值实验设计

对每个实验组均投加等量的铜绿微囊藻的纯藻种，实验装置为大体积塑料箱（实验条件和实验装置见本书第 2 章 2.1）。自然温度和自然直射光照，每天定时搅拌 4 次。实验分为湖泊水体、湖泊水体和沉积物两种水体系统，其来源均为太湖竺山湾（各项指标见本书第 2 章 2.2）。每种水体系统中均含 5 组营养盐添加梯度，每天上午 9 点，进行微量添加，添加药品为 KH_2PO_4 和 $NaNO_3$。每组实验处理组的每天投加药品浓度梯度室内静态实验一致，参见表 4-1 所示。对于 P 处理组，实验初始阶段均添加充足 $NaNO_3$、$NaHCO_3$，消除 N、C 的影响；对于 N 处理组，实验初始阶段初始添加充足 KH_2PO_4、$NaHCO_3$，消除 P、C 的影响；未添加营养盐的实验组作为对照组。每组 3 个平行样，实验周期为 30 天左右。实验设计如表 4-1 所示。采集水样的点为各培养容器中水面下 5 cm 处（上水层），和水底上 5 cm 处（下水层）。

4.2.2 蓝藻水华的生态响应

1. 磷对蓝藻生长的影响

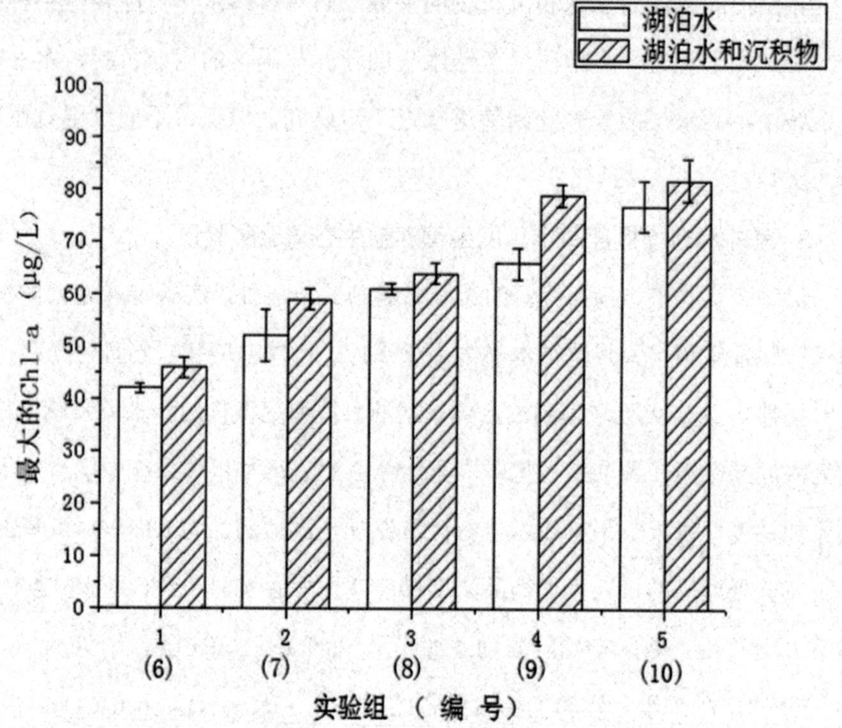

图 4-7 不同 P 添加组中实验期内最大的 Chl-a 浓度

图 4-7 是在本实验的 P 添加的实验组中，不同 P 的添加梯度下，在整个实验过程中铜绿微囊藻的 Chl-a 的最大值。通过图可以看到，在本实验的 P 浓度添加范围内，随着添加的 P 浓度的升高，湖泊水、湖泊水+沉积物两种系统的铜绿微囊藻的 Chl-a 的最大值均整体上升，这表明在实验过程中，P 对铜绿微囊藻的生物量产生限制，是铜绿微囊藻的限制因子。而比较湖泊水、湖泊水+沉积物中的 Chl-a 的最大值，湖泊水+沉积物系统的 Chl-a 的最大值均比同一 P 添加量下，湖泊水的 Chl-a 的最大值要高（除了编号 3 与 8 的浓度梯度下），这

可能与沉积物的内源 P 的释放，促进了铜绿微囊藻的生物量的增加有关。

2. 氮对蓝藻生长的影响

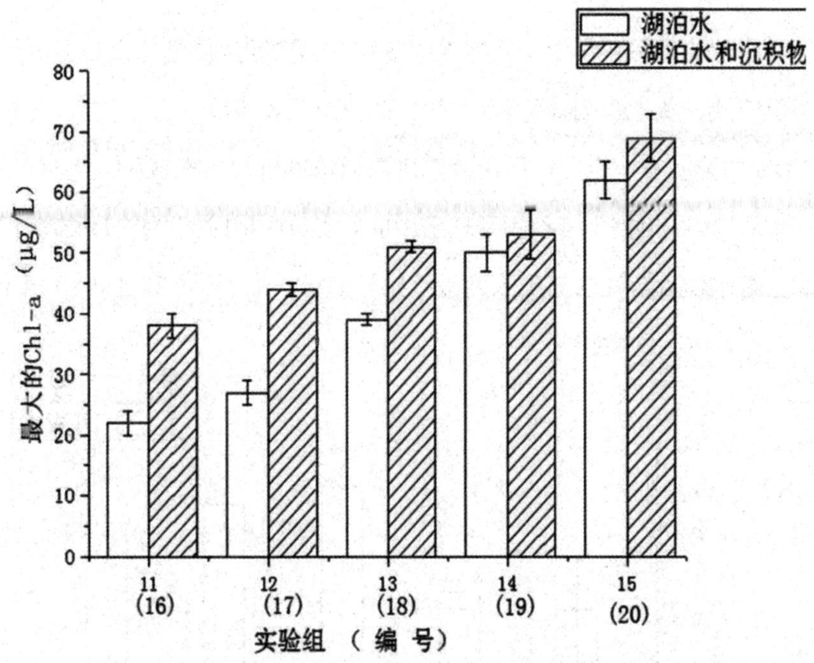

图 4-8 不同 N 添加组中实验期内最大的 Chl-a 浓度

图 4-8 是在本实验的 N 添加的实验组中，不同 N 的添加梯度下，在整个实验过程中铜绿微囊藻的 Chl-a 的最大值。通过图可以看到，在本实验的 P 浓度添加范围内，随着添加的 N 浓度的升高，湖泊水、湖泊水+沉积物两种系统的铜绿微囊藻的 Chl-a 的最大值均整体上升，这表明在实验过程中，N 对铜绿微囊藻的生物量产生限制，同样也是铜绿微囊藻的限制因子。而比较湖泊水、湖泊水+沉积物中的 Chl-a 的最大值，湖泊水+沉积物系统的 Chl-a 的最大值均比同一 N 添加量下湖泊水的 Chl-a 的最大值要高（除了 14 与 19 号的浓度梯度），这可能与沉积物的内源 N 的释放，增加了水中的 N 含量，促进了铜绿微囊藻的

生物量的增加有关。

4.2.3 沉积物对蓝藻水华发生的营养盐作用

在湖泊的生态系统中，间隙水中溶解性总氮和溶解性总磷是界面生物地球化学反应的灵敏指示剂。间隙水中的扩散作用是属于物理分子扩散，通常由 TDP 和 TDN 的浓度差决定的，即由高浓度向低浓度进行物理转移。

本研究对湖泊水+沉积物处理组中的，实验中期时间（15 d）的沉积物间隙水和上覆水体可溶性的氮磷浓度进行比较分析，如图 4-9 和图 4-10 所示。

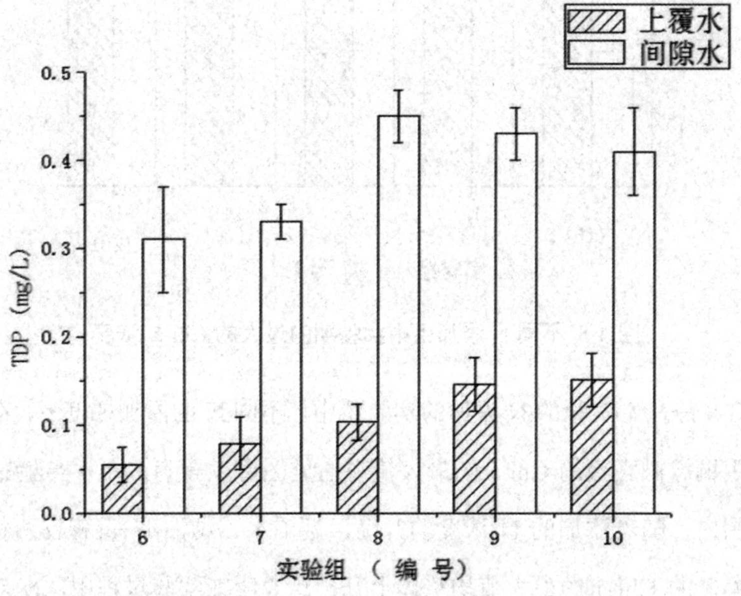

图 4-9 磷添加实验组中沉积物间隙水与上覆水中磷浓度（15 d）

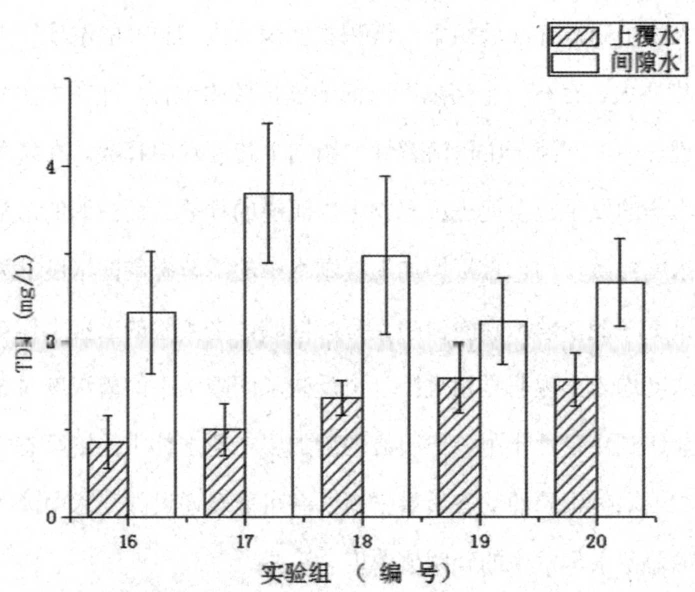

图 4-10 氮添加实验组中沉积物间隙水与上覆水中氮浓度（15 d）

根据图 4-9 和图 4-10 所示，磷添加实验组和氮添加实验组中的沉积物中的 TDP 和 TDN 均存在一个由间隙水向湖水扩散的浓度梯度。在磷添加实验组中，实验的沉积物中间隙水 TDP 整体均高于湖水，且其间隙水的 TDP 的浓度最高为湖水中 TDP 浓度的 5 倍左右，但随着外源磷浓度的递增，上覆水中的 TDP 呈现整体上升的趋势，但是间隙水中的 TDP 并未有相应地同步上升，而是不同程度的小范围波动，与上覆水体的 TDP 并未表现出明显的相关性。在氮添加实验组中，随着外源氮浓度的递增，实验的沉积物中间隙水 TDN 整体均高于湖水，且其间隙水的 TDN 的浓度最高为湖水中 TDN 的浓度的 3 倍左右，但随着外源氮浓度的递增，上覆水中的 TDN 呈现整体上升的趋势，但是间隙水中的 TDN 并未有相应地同步上升，而是不同程度的小范围波动，与上覆水体的 TDN 并未表现出明显的相关性。

总的来说，磷添加实验组中，沉积物间隙水中 TDP 的浓度比上覆湖水中 TDP 的浓度要大，存在一个高浓度向低浓度扩散的过程，即在本实验的蓝藻水华的发生过程中，间隙水中以溶解性的磷向上覆湖水中释放。在磷添加实验组中，蓝藻水华的发生也会促进沉积物中内源磷的释放，而内源的溶解态磷通过间隙水的浓度扩散作用，直接增加上覆湖水中的溶解态磷的浓度，为蓝藻水华的发生提供更多的溶解态磷酸盐的支持。同时，本实验的上覆水体与间隙水体中的磷的浓度均未出现明显相关性，也反映了间隙水中的磷浓度对湖泊水体中磷浓度并非起到决定性作用，但明显地增加了上覆水体中的溶解态磷的含量，从而改变湖泊水体中磷的动态质量平衡，并可能会通过改变水中磷含量而影响该区域内的蓝藻水华发生的磷阈值浓度。

在氮添加实验组中，沉积物间隙水中 TDN 的浓度比上覆湖水中 TDN 的浓度要大，存在一个高浓度向低浓度扩散的过程，即在本实验的蓝藻水华的发生过程中，间隙水中以溶解性的氮向上覆湖水中释放。本实验中沉积物中间隙水的氮浓度与上覆水中的氮浓度无相关性，这是由于氮营养盐的循环在湖泊的生态系统中也十分复杂，因此，间隙水中的氮浓度对湖泊水体中氮浓度不是决定因素，但明显地增加了上覆水体中的溶解态氮的含量。蓝藻水华的发生也会促进沉积物中内源氮的释放，在本实验的蓝藻水华的发生过程中，蓝藻由于自身的浮动机制会大量集聚于水体表层，从而会促进水体底层溶解氧的减少，加强沉积物表层的氨化作用和反硝化作用，促进了间隙水中以氨氮为主的溶解态氮的释放[172,173]。而间隙水中更多的溶解态的氮通过浓度差扩散到湖水中，明显地增加了上覆水体中的溶解态氮的含量，从而改变湖泊水体中氮的动态质量平衡，并可能会通过改变水中氮含量而影响该区域内的蓝藻水华发生的氮阈值浓度。

比较实验室内静态实验与实验室外静态实验的沉积物无间隙水与上覆水体

的营养盐的浓度以及温度之间的关系，如图 4-11 和图 4-12 所示。

从图 4-11 中可以看出，在整个实验的中间时期，第 15 天室内静态实验组的外界温度维持在 25 ℃，而第 15 天的室外静态实验，由于其环境条件为自然环境，因此其外界温度在 28 ℃左右，要比室内实验的温度更高。比较两个实验中，在 15 天，各自对应的不同添加磷浓度梯度的沉积物间隙水中的溶解性总磷的浓度，可以看到，室外静态实验的 TDP 整体都要比室内静态实验的 TDP 浓度高，表明了室外静态实验的沉积物间隙水中释放了相对更多的 TDP 进入到上覆水体中，使上覆水体中溶解态磷的含量更高，增加了上覆水体中溶解态磷的含量，为蓝藻水华的发生提供更多的溶解态磷酸盐的支持，从而改变湖泊水体中的磷的动态质量平衡，并可能会通过改变水中磷含量而影响该区域内的蓝藻水华发生的磷阈值浓度。刘碧波等人（2012）[174]研究表明，温度对间隙水中营养盐的浓度的影响很大，温度降低会减少微生物的活动，从而导致沉积物中的有机物的矿化分解量随着减少。顾德宇等人[175]研究发现，间隙水中的磷的浓度在夏季和冬季的差异很大，这可能跟沉积物的环境温度有关，温度的变化使沉积物中的生物地球化学过程发生变化，导致沉积物有机质会出现季节性变化的分解能力。因此，本实验中温度更高的室外静态实验组比温度更低的室内静态实验组的间隙水中的 TDP 要相对更高些，这是由于当环境中的温度升高，沉积物中的微生物在一定程度上会增加自身的活动，有机物矿化速率随之提高，其对有机物的分解产生的氮磷等营养盐随之增加，其对间隙水的释放随之更多，为蓝藻水华的发生提供更多的溶解态磷酸盐的支持，这也从一定程度上表明了在沉积物-水共同构成的湖泊中，蓝藻水华更容易在温度更高的夏季发生的原因之一。

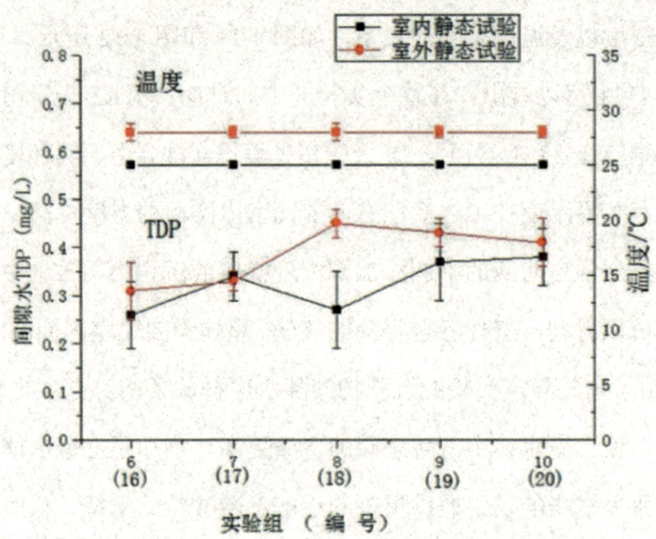

图 4-11 不同实验中磷添加实验组中沉积物间隙水中磷浓度（15d）

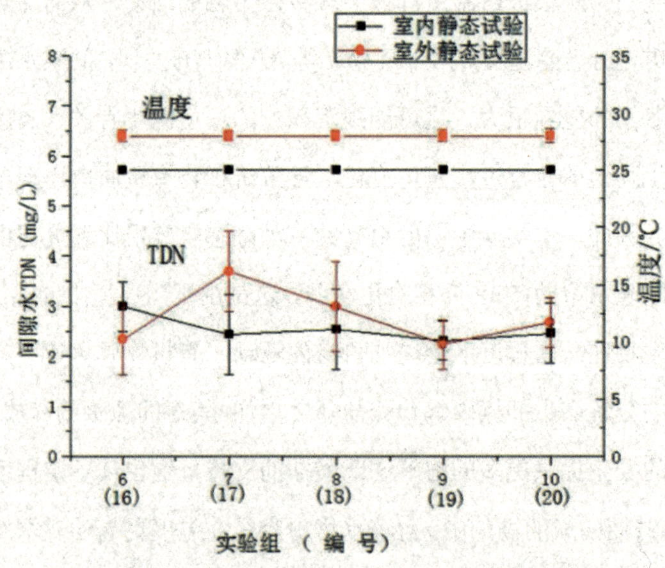

图 4-12 不同实验中氮添加实验组中沉积物间隙水中氮浓度（15d）

从图 4-12 中可以看出，在整个实验的中间时期，第 15 天室内静态实验组的外界温度维持在 25 ℃，比第 15 天的室外静态实验外界温度（28 ℃左右）要低。比较两个实验中，在 15 天，各自对应的不同添加氮浓度梯度的沉积物间隙水中的溶解性总氮的浓度，可以看到，室外静态实验的 TDN 整体都要比室内静态实验的 TDN 浓度高，表明了室外静态实验的沉积物间隙水中释放了相对更多的 TDN 进入到上覆水体中，使上覆水体中溶解态氮的含量更高，增加了上覆水体中的溶解态氮的含量，为蓝藻水华的发生提供更多的溶解态氮盐的支持，从而改变湖泊水体中氮的动态质量平衡，并可能会通过改变水中氮含量而影响该区域内的蓝藻水华发生的氮阈值浓度。根据李剑超等人[176]的沉积物实验，发现水体温度对沉积物的间隙水中的污染物的浓度会产生很多作用，相对偏高的温度会使间隙水中的污染物的含量相对更高。因此，本实验中温度更高的室外静态实验组比温度更低的室内静态实验组的间隙水中的 DTN 同样也要相对更高些，这是由于当环境中的温度更低，沉积物中的微生物在一定程度上会减少自身的活动，降低了有机物的矿化分解量，减少了对有机物的分解产生的氮磷等营养盐含量，间隙水的释放量减少，降低了可能对湖泊水中蓝藻水华的发生的氮盐的支持力度。

4.2.4 蓝藻水华的生态动力学研究

在蓝藻水华的生态过程中，不同实验组的蓝藻生长对数期的比增长率与不同实验组的氮磷浓度进行数值分析，通过 Monod 方程，可以得到不同实验组蓝藻水华的半饱和常数和饱和浓度状态下的最大比生长率，由于本实验是基于微积分思想，采用累积添加营养盐的方式，因此其得到的生长动力学参数也为累积效应下的参数值。如表 4-4 所示。

表 4-4 铜绿微囊藻的比生长率与氮磷浓度 Monod 方程模拟结果

水样	水层	限制底物	R^2	u_{max} d^{-1}	*Ks* mg/L
湖泊水	上层	SRP	0.638	0.733	0.033
		DIN	0.694	0.895	0.163
	下层	SRP	0.816	0.9938	0.031
		DIN	0.739	0.789	0.159
湖泊水+沉积物	上层	SRP	0.723	0.832	0.028
		DIN	0.767	0.769	0.141
	下层	SRP	0.662	0.807	0.019
		DIN	0.804	0.9939	0.135

本实验得到了在湖泊水体、湖泊水体和沉积物两种不同的水体系统中，在实验室静态培养条件下，蓝藻水华发生过程中的生长动力学参数。从本实验的研究结果来看，不论在湖泊水体系统中，还是在湖泊水+沉积物共同系统中，在上下水层，以 SRP 为限制底物的 *Ks* 要远远地低于以 DIN 为限制底物的 *Ks* 值，因此，表明铜绿微囊藻对 SRP 比对 DIN 的亲和性更好，也就是说 SRP 的增加会对铜绿微囊藻的生长增殖更有促进作用，这一结果与郑朔方等人[121]的研究结果一致。

对比同一实验条件下的湖泊水、湖泊水+沉积物中的 *Ks* 值，发现以 SRP 为限制底物，湖泊水的 *Ks* 值要大于湖泊水+沉积物组；以 DIN 为限制底物，湖泊水的 *Ks* 值要同样大于湖泊水+沉积物组；这表明了在湖泊水+沉积物水体系统中，当 SRP 限制时，SRP 的增加对铜绿微囊藻的生长增殖的促进作用水平要强于湖泊水系统；当 DIN 限制时，DIN 的增加对铜绿微囊藻的生长增殖的促进作用水平要强于湖泊水系统。这一结果可能是因为湖泊水+沉积物系统中，蓝藻水华的发生过程中，沉积物中溶解态的氮磷营养盐向上覆水体释放，增加了上覆水体的溶解态的氮磷浓度，为蓝藻水华提供了更多的营养盐支持，促进了蓝藻水华的发生。这一结果也与实验室内静态实验结果一致。

对比同一水体系统中的上下两水层的 Ks 值，发现在湖泊水体中，以 SRP 为限制底物，上层水体的 Ks 值要大于下层水体，但是整体差异不大；以 DIN 为限制底物，上层水体的 Ks 值要同样大于下层水体，但是整体差异不大。这可能是由于铜绿微囊藻自身的结构和悬浮机制有关[177]。铜绿微囊藻藻细胞可以通过伪空结构调节自身在水体中的浮力形成悬浮效应，以达到控制自身在水层中的垂直移动[178]。微囊藻的生物量增大之后逐步向水表面上浮聚集，这个生态过程正是蓝藻水华形成的关键过程。因此在上层水体的地方，蓝藻吸收 SRP，由于自身的生长和增殖，因此上层水体中 SRP 的增加对铜绿微囊藻的生长增殖的促进作用水平会更高一点；而在湖泊和沉积物水体中，以 SRP 为限制底物，上层水体的 Ks 值要大于下层水体；以 DIN 为限制底物，上层水体的 Ks 值要同样大于下层水体。这可能一方面与铜绿微囊藻自身的结构和悬浮机制有关，另一方面与沉积物中溶解态的氮磷营养盐先向水体直接接触的下层部分释放，先直接增加了下层水体的溶解态的氮磷浓度，为蓝藻水华提供了更多的营养盐支持，促进了蓝藻水华的发生。

4.2.5 氮磷营养盐生态阈值

1. 实验室外静态实验中蓝藻水华的营养盐生态阈值结果

蓝藻水华的最大比增长率即为蓝藻生长的生态过程中，在对数期时期生长的实际最大的比增长率。将每个实验组的可利用的氮和磷浓度累加后，与对应的蓝藻水华过程中的最大比增长率做关系曲线，得到营养盐与实际最大比增长率剂量-效应关系，如图 4-13 所示。使用 1stOPt 数值分析软件，对不同条件的实验实际最大比增长率进行拟合分析。然后采用反解算法，根据曲线的方程，求其接近其中的最大值并距离 95%处对应的拐点值，得出对应的 SRP 和 DIN 的生态饱和浓度，即为蓝藻水华发生的 SRP 和 DIN 的生态阈值，见表 4-5。

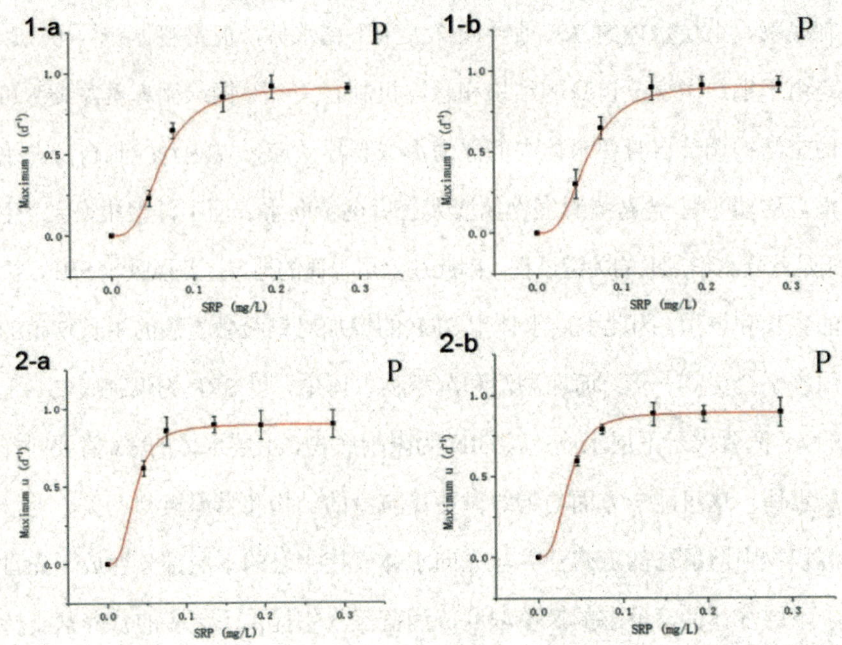

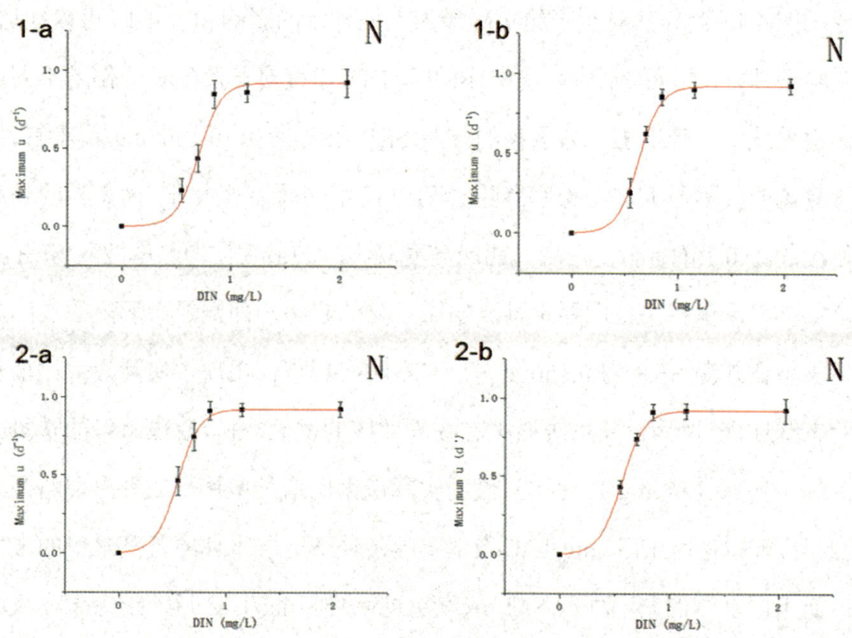

图 4-13 营养盐对蓝藻的实际最大比增长率的影响

（1：湖泊水组；2：湖泊水+沉积物组；a：水表面下 5 cm；　b：水底层上 5 cm）

表 4-5 蓝藻水华发生营养盐生态阈值统计

水样	添加方式	水层	拐点值（mg/L）	误差范围
湖泊水	磷	上层	SRP：0.156	<5%
	磷	下层	SRP：0.151	<5%
	氮	上层	DIN：1.432	<5%
	氮	下层	DIN：1.427	<5%
湖泊水+沉积物	磷	上层	SRP：0.096	<5%
	磷	下层	SRP：0.084	<5%
	氮	上层	DIN：0.971	<5%
	氮	下层	DIN：0.862	<5%

通过图 4-13 营养盐对蓝藻的实际最大比增长率的影响和表 4-15 可以知道，在本实验条件下，不同的水体系统中，SRP 和 DIN 浓度对蓝藻生长的作用不同。在湖泊水系统中，当上层水体累积的外源 SRP 浓度在 0～0.156 mg/L 左右时，铜绿微囊藻的实际最大比增长率会随着 SRP 的增加而显著上升，而累积的外源 SRP 浓度超过 0.156 mg/L 之后，铜绿微囊藻实际的最大比增长率随着 SRP 浓度的增加会出现保持小范围稳定甚至略微下降的趋势，即铜绿微囊藻的实际最大比增长率在外源 SRP 为 0.156 mg/L 左右时有拐点，出现了实际最大比增长率的状态跃迁，表现为蓝藻系统的生态临界效应的发生，进入蓝藻水华的阶段，外源 SRP 超过 0.156 mg/L 后，蓝藻的实际最大比增长率持平或者出现略微下降，因此外源 SRP 为 0.156 mg/L 即为本实验条件下上层水体的蓝藻水华的 SRP 阈值。而下层水体的累积外源 SRP 浓度超过 0.151 mg/L 之后，铜绿微囊藻的实际最大比增长率出现拐点，发生状态跃迁，表现为蓝藻系统的生态临界效应的发生，进入蓝藻水华的阶段，因此外源 SRP 为 0.151 mg/L 即为本实验条件下下层水体的蓝藻水华的 SRP 阈值。根据铜绿微囊藻生态动力学分析，SRP 浓度的增加虽然对促进铜绿微囊藻的生长的作用更大，但并不能忽略 DIN 的浓度对蓝藻生长的影响。同样，当累积的外源 DIN 浓度在 0～1.432 mg/L 左右时，铜绿微囊藻的实际最大比增长率会随着 DIN 的增加而显著上升，而累积的外源 DIN 浓度超过 1.432 mg/L 之后，铜绿微囊藻实际的最大比增长率随着 DIN 浓度的增加会出现保持小范围稳定甚至略微下降的趋势，即铜绿微囊藻的实际最大比增长率在外源 DIN 为 1.432 mg/L 左右时有拐点，出现了实际最大比增长率的状态跃迁，表现为蓝藻系统的生态临界效应的发生，进入蓝藻水华的阶段，因此外源 DIN 为 1.432 mg/L 即为本实验条件下上层水体蓝藻水华的 DIN 阈值。而下层水体累积的外源 DIN 浓度超过 1.427 mg/L 之后，铜绿微囊藻的实际最大比增长率出现拐点，发生状态跃迁，表现为蓝藻系统的生态临界效应的发生，进入蓝藻水华的阶段，因此外源 DIN 为 1.427mg/L 即为本实验条件下下层水体的蓝藻水华的 DIN 阈值。

在湖泊水+沉积物实验组中，当上层水体的累积的外源 SRP 浓度在 0～0.096 mg/L 左右时，铜绿微囊藻的实际最大比增长率会随着 SRP 的增加而显著上升，之后出现拐点，即实际最大比增长率出现状态跃迁，表现为蓝藻系统的生态临界效应的发生，进入蓝藻水华的阶段，因此外源 SRP 为 0.096 mg/L 即为本实验条件下上层水体的蓝藻水华的 SRP 阈值；而对应的外源 SRP 为 0.084 mg/L 即为本实验条件下下层水体的蓝藻水华的 SRP 阈值。对于 DIN 阈值而言，当上层水体累积的外源 DIN 浓度在 0～0.881 mg/L 左右时，铜绿微囊藻的实际最大比增长率会随着 DIN 的增加而显著上升，之后出现拐点，即实际最大比增长率出现状态跃迁，表现为蓝藻系统的生态临界效应的发生，进入蓝藻水华的阶段，因此外源 DIN 为 0.971 mg/L 即为本实验条件下蓝藻水华上层水体的 DIN 阈值。而对应的外源 DIN 为 0.862 mg/L 即为本实验条件下下层水体的蓝藻水华的 DIN 阈值。

因此，铜绿微囊藻利用水中的外源 SRP 和 DIN 的能力存在一定程度的阈值，并非 SRP 或 DIN 的外源含量越高，则铜绿微囊藻的生长速率会越快，当 SRP 或 DIN 的含量达到蓝藻所需的饱和浓度的时候，铜绿微囊藻的生长速率不会因为 SRP 或 DIN 含量的升高而发生很大的变化。总的来说，在本实验条件下的湖泊水体系统中，当上层水体 SRP 浓度达到 0.156 mg/L（N 充足的情况下），下层水体 SRP 浓度达到 0.151 mg/L（N 充足的情况下）；上层 DIN 浓度达到 1.432 mg/L（P 充足的情况下），下层 DIN 浓度达到 1.427 mg/L（P 充足的情况下）时，为铜绿微囊藻的饱和浓度，而超过这一浓度后，铜绿微囊藻的生长速率处于非生态响应阶段。在本实验条件下的湖泊水体和沉积物系统中，当 SRP 浓度分别达到上层水体 0.096 mg/L 和下层水体 0.084 mg/L（N 充足的情况下），DIN 浓度分别达到上层水体 0.971 mg/L 和下层水体 0.862 mg/L（P 充足的情况下）时，为铜绿微囊藻的饱和浓度，而超过这一浓度后，铜绿微囊藻的生长速率处于非生态响应阶段。

在水体中，藻类可以通过改变碱性磷酸酶的活性，而利用溶解性有机磷（DOP）水解后转化成 SRP 而被藻类吸收利用，使得维持藻类的生长和繁殖的营养盐需要。根据高光、秦伯强[62]等人的研究，太湖湖泊中的碱性磷酸酶作用的 SRP 浓度阈值为 0.02 mg/L。在本实验中，采集的湖泊水体均来自太湖，且湖泊水、湖泊水+沉积物组中的 SRP 浓度整体均大于 0.02 mg/L，超过了太湖湖泊中的碱性磷酸酶作用的 SRP 浓度阈值，因此由于湖水中的碱性磷酸酶的活性太低，而未发生 DOP 的水解作用，因此 SRP 的含量为本实验水体中的实际有效磷（AP）含量。根据许海等人[123]（2015）的研究表明，通过在太湖的长期研究发现，SRP 是藻类生物可利用的有效的磷，且太湖中的有效磷占总磷的 60% 左右；DIN 是藻类生物可利用的有效氮，且有效的氮占总氮的 50 %左右。根据以上的关系和本研究实验期间实际测得水体中各形态氮磷的浓度关系可知，将总磷中溶解性反应磷所占比例计算总磷阈值[54]，总氮中可利用的氮所占比例计算总氮阈值，从而得到在湖泊水系统中，蓝藻水华的 TP 的生态效应阈值，上层水体为 0.26 mg/L，下层水体为 0.25 mg/L ；TN 的生态效应阈值上层水体为 2.42 mg/L，下层水体为 2.41 mg/L；在湖泊水+沉积物系统中，蓝藻水华的 TP 的生态效应阈值上层水体为 0.16 mg/L，下层水体为 0.15 mg/L，TN 的生态效应阈值上层水体为 1.69 mg/L，下层水体为 1.58 mg/L。

2. 沉积物及其生态弹性对营养盐生态阈值的作用

对比湖泊水系统、湖泊水+沉积物系统的 SRP 和 DIN 的蓝藻水华的阈值，可以看到，湖泊水的 SRP 阈值和 DIN 阈值均比湖泊水+沉积物中的 SRP 阈值和 DIN 阈值要高，这可能与在生态系统中，沉积物中的 TDP 和 TDN 向上覆水体的释放有直接关系。这也与本书实验室内静态实验的结论一致。根据本书在实验室外静态实验的对沉积物间隙水的分析，藻类的生长和沉积物中 TDP 的释放是相互促进的。因此在湖泊水+沉积物的磷添加实验组中，蓝藻水华的发生也会促进沉积物中内源磷的释放，而内源的溶解态磷通过间隙水的浓度扩散作用，直接增加上覆湖水中的溶解态磷的浓度，为蓝藻水华的发生提供更多的溶解态磷酸盐的支持，因此蓝藻的外源 SRP 的生态响应临界浓度，即饱和浓度由于沉积物的促进作用而更低。在氮添加实验组中，藻类的生长和沉积物中 TDN 的释放也存在相互促进的关系，湖泊区域富营养化越严重，使该区域的氨化作用和反硝化作用越强，在本实验的蓝藻水华的发生过程中，蓝藻由于自身的浮动机制会大量集聚在水体表层，从而会促进水体底层溶解氧的减少，加强沉积物表层的氨化作用和反硝化作用，促进了间隙水中以氨氮为主的溶解态氮的释放，沉积物的 TDN 的释放为蓝藻水华的发生提供更多的溶解态氮的支持，因此蓝藻的外源 DIN 的生态响应临界浓度，即饱和浓度由于沉积物的促进作用而更低。另外，同样可以通过生态弹性模型分析湖泊水+沉积物的水体的蓝藻水华的生态阈值比湖泊水体系统更低，其分析参见本章实验室内静态实验 4.1.5。

3. 不同水层对营养盐生态阈值的作用

比较两种水体系统中水层对营养盐阈值的影响可以看到，在湖泊水体中，上层水体的蓝藻水华的 SRP 阈值和 DIN 阈值均比下层水体高，但整体差异不大。这可能与铜绿微囊藻自身的生态特性有关。根据文献[179]，铜绿微囊藻细胞的结构内部有一种十分特别的伪空结构，这种伪空胞结构是由亲水性的外层膜和疏水性的内层膜共同形成的中间充满气囊的空腔，因此藻细胞可以通过伪空结构调节自身在水体中的浮力以达到控制自身在水层中的垂直移动。微囊藻的生物量增大之后逐步向水表面上浮聚集，这个生态过程正是蓝藻水华形成的关键过程。同时铜绿微囊藻含有比水密度大的由蛋白质、碳水化合物等组成内部物质，用来控制藻细胞在水体中下沉。当湖泊水中蓝藻大量生长，加速繁殖聚集在一起的时候，在一定的光照强度和水温等外界条件的影响下，蓝藻的伪空结构会相应地开始发挥作用，促使大量蓝藻不断上浮到水体表面，形成肉眼可见的藻华现象；当蓝藻藻体死亡的时候，其伪空结构也相应破坏，导致死亡的藻细胞下沉到水底[180]。因此在本实验中，铜绿微囊藻会不断地生长增殖并且向上层水体不断移动，导致上层水体的蓝藻大量聚集，生物量急剧增大，其产生生态效应则需要更多的营养盐补给支持，因此上层水体的蓝藻水华的 SRP 和 DIN 的生态阈值更高。同时在蓝藻水华的生态过程中，会有大量的蓝藻死亡并通过伪空结构的破坏而下沉到水体下层，并释放出体内的内氮和内磷，使得下层水体的营养盐不断累积，更好地促进下层水体蓝藻水华的发生，因此下层水体的蓝藻水华的 SRP 和 DIN 的生态阈值更低。

在湖泊水体和沉积物系统中，上层水体的蓝藻水华的 SRP 阈值和 DIN 阈值均比下层水体高，且差异较大。这可能有两方面原因，一方面与铜绿微囊藻自身的生态特性有关，另一方面与底泥沉积物的营养盐的释放作用有关。由于铜绿微囊藻细胞的结构内部有一种十分特别的伪空结构，促使大量蓝藻不断上浮到水体表面，其产生生态效应则需要更多的营养盐补给支持，因此上层水体的蓝藻水华的 SRP 和 DIN 的生态阈值更高。同时，根据本书在实验室外静态实验的对沉积物间隙水的分析，藻类的生长和沉积物中 TDP 和 TDN 的释放是相互促进的。下层水体由于离底层沉积物更近，与沉积物中的间隙水体直接接触，因此间隙水的 TDP 和 TDN 直接先向下层水体进行浓度差的扩散，使得下层水体中的TDP和TDN急剧增加，能够更好地促进下层水体蓝藻水华的发生，因此下层水体的蓝藻水华的 SRP 和 DIN 的生态阈值更低。

4. 营养盐生态阈值的对比分析

对比实验室外静态实验与实验室内静态实验的结果数据，发现在同一水体系统中，实验室外的氮磷生态阈值要整体比实验室内的氮磷生态阈值高。这是因为根据文献[181]表明，藻类的水华不仅跟营养盐浓度有关，而且也与环境中的温度、光强、水动力条件等因素关系密切。本研究的实验室外实验为天然的环境条件，温度和光照强度变化很大，必然对蓝藻生长的生态效应产生影响，从而导致营养盐的生态阈值产生差异。

本研究的氮磷的阈值结果同样与美国环保署的湖泊的 TP 浓度（0.05 mg/L），SRP 浓度（0.025 mg/L）上限值存在差异。这再一次证明了不能简单把国外的营养盐标准与国内的湖泊情况作为参考，而要结合我国地表水水质质量标准的湖泊营养盐标准进行特定的分析。

本实验室条件是基于自然环境中进行，我国学者吴雅丽等人（2013）[122] 基于太湖自然条件下，在太湖梅梁湾春季时对原湖水中藻类（以隐藻和硅藻为主）采用维持水体外界磷浓度不变这一特殊方法，进行了营养盐富集实验，得到春季太湖以隐藻和硅藻为主藻类的生长总磷阈值为 0.059 mg/L；该研究结果与本实验的磷阈值的研究结果存在差异，这是因为一是研究的藻种不同，根据文献[182]表明，藻类的种群结构演替与氮磷营养盐浓度和季节的温度变化直接相关。因此不同藻种的生态效应临界的营养盐浓度存在差异。二是本实验的研究环境与太湖湖泊的真实自然条件环境存在差异，特别是与太湖现场的温度、光照和水体流动存在差异。许海等人（2010）[109]在太湖梅梁湾秋夏时对原湖水中占 90%以上的微囊藻进行了异位培养的营养盐富集实验，得到当富集的可溶性磷（SRP）大于 0.2 mg/L，可溶性氮（DIN）大于 0.8 mg/L 的时候，蓝藻将不受氮磷营养盐限制，即发生了生态临界效应。该研究结果与本实验的湖泊水体系统的 SRP 阈值接近，而与 DIN 的阈值结果近似。其存在的差异可能主要与外界自然环境的差异有关，但整体差异不大。因此本实验条件下的蓝藻水华的氮磷阈值可能与实际真实湖泊水体的氮磷阈值存在一定差异，但是对真实湖泊水体的蓝藻水华的发生阈值生态学研究具有重要的借鉴作用。

4.3 蓝藻水华动态营养盐生态阈值实验

4.3.1 实验设计优化

1. 实验思路

通过研究在实验室内，在蓝藻适宜的温度、光照、无其他生态环境干扰的条件下，在低流速流动水体的动态状态下，采集湖泊水体、采集湖泊水体+沉积物两种不同尺度条件下蓝藻演变和水华形成过程中的 Chl-a 的变化趋势，分析 Chl-a 与生物可利用的氮磷浓度的响应关系，用 Monod 方程模型得到蓝藻水华的半饱和浓度和饱和浓度下的最大比生长率，建立磷营养盐与蓝藻水华过程中实际的最大比增长率之间的曲线，用 1stOpt 软件进行曲线拟合，根据拐点计算蓝藻水华发生的氮磷阈值。

2. 实验设计优化

本研究根据微积分思维，采用分次微元添加营养盐方法，即每天微量添加氮磷营养盐的外源氮磷营养盐输入方式。

孔繁祥等人[183]的研究表明，在水体中的低流速状态下，容易有藻类水华的发生。本研究为了模拟湖泊实际的缓流流动状态，设计不同的低流速状态，以研究在不同流速对蓝藻水华发生的营养盐阈值的作用影响。

3. 室内动态模拟蓝藻水华发生营养盐生态阈值实验设计

对每个实验组均投加等量的铜绿微囊藻的纯藻种，实验装置为自主设计的动态实验装置（实验条件和实验装置见本书第 2 章 2.1）。培养条件为：温度：25℃，光暗比为 12h：12h，光强：4500 lx。每天定时搅拌 4 次。实验分为湖泊水体、湖泊水体和沉积物两种水体系统，其来源均为太湖竺山湾（各项指标见本书第 2 章 2.2）。每种水体系统中均含 5 组营养盐添加梯度，每天上午 9 点进行微量添加，添加药品为 KH_2PO_4 和 $NaNO_3$。每组实验处理组的每天投加药品浓度梯度室内静态实验一致，参见表 4-1 所示。对于 P 处理组，实验初始阶段均添加充足 $NaNO_3$、 $NaHCO_3$，消除 N、C 的影响；对于 N 处理组，实验初始阶段初始添加充足 KH_2PO_4、 $NaHCO_3$，消除 P、C 的影响；未添加营养盐的实验组作为对照组。每组三个平行样实验周期为 30 天左右。实验设计如表 4-1 所示。对实验装置中的 3 个不同低流速状态下（1 cm/s；5 cm/s；10 cm/s）进行采样分析。

4.3.2 蓝藻水华的生态响应

1. 磷对蓝藻生长的影响

图 4-14 是在本实验的 P 添加的实验组中，不同 P 的添加梯度下，在整个实验过程中铜绿微囊藻的 Chl-a 的最大值。通过图可以看到，在本实验的 P 浓度添加范围内，随着添加的 P 浓度的升高，湖泊水、湖泊水+沉积物两种系统的铜绿微囊藻的 Chl-a 的最大值均整体上升，这表明在实验过程中，P 对铜绿微

囊藻的生物量产生限制，是铜绿微囊藻的限制因子。而比较湖泊水、湖泊水+沉积物中的 Chl-a 的最大值，湖泊水+沉积物系统的 Chl-a 的最大值均比同一 P 添加量下，湖泊水的 Chl-a 的最大值要高，这可能与沉积物的内源 P 的释放，增加了水中 P 的含量，从而促进了铜绿微囊藻的生物量的增加有关。

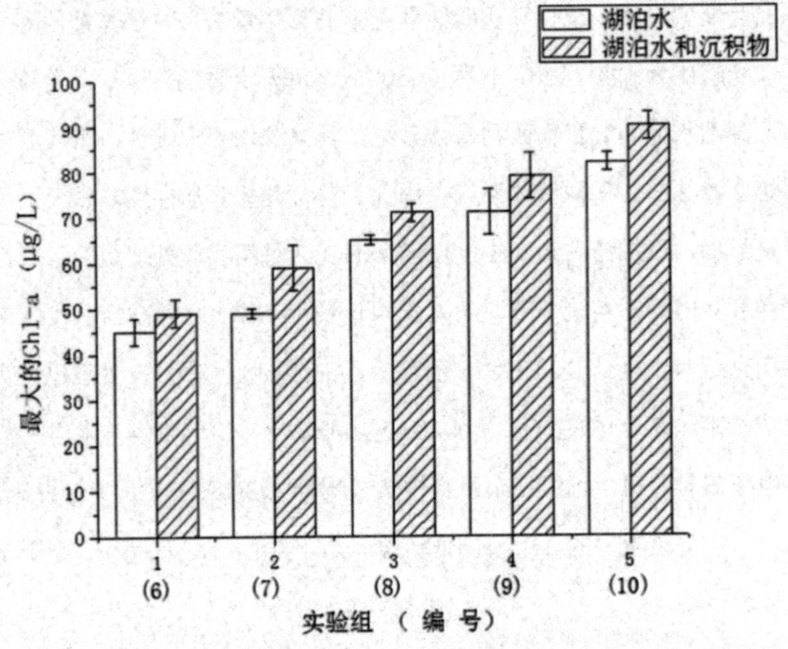

图 4-14 不同 P 添加组中实验期内最大的 Chl-a 浓度

2. 氮对蓝藻生长的影响

图 4-15 是在本实验的 N 添加的实验组中，不同 N 的添加梯度下，在整个实验过程中铜绿微囊藻的 Chl-a 的最大值。通过图可以看到，在本实验的 P 浓度添加范围内，随着添加的 N 浓度的升高，湖泊水、湖泊水+沉积物两种系统的铜绿微囊藻的 Chl-a 浓度的最大值均整体上升，这表明在实验过程中，N 对铜绿微囊藻的生物量产生限制，同样也是铜绿微囊藻的限制因子。而比较湖泊

水、湖泊水+沉积物中的 Chl-a 的浓度最大值，湖泊水+沉积物系统的 Chl-a 的浓度最大值均比同一 N 添加量下，湖泊水的 Chl-a 的浓度最大值要高，这可能与沉积物的内源 N 的释放，增加了水中的 N 含量，促进了铜绿微囊藻的生物量的增加有关。

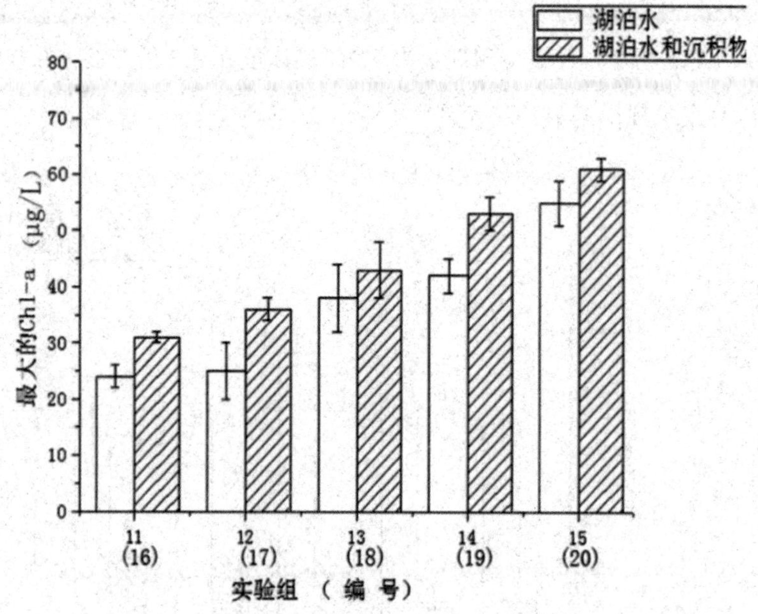

图 4-15 不同 N 添加组中实验期内最大的 Chl-a 浓度

4.3.3 沉积物对蓝藻水华的营养盐作用

在湖泊的生态系统中，间隙水中溶解性总氮和溶解性总磷是界面生物地球化学反应的灵敏指示剂。间隙水中的扩散作用是属于物理分子扩散，通常是由 TDP 和 TDN 的浓度差决定的，即由高浓度向低浓度进行物理转移。

本研究对湖泊水+沉积物处理组中的，实验中期时间（15d）的沉积物间隙水和上覆水体可溶性的氮磷浓度进行比较分析，如图 4-16 和图 4-17 所示。

根据图 4-16 和图 4-17 所示，与实验室内静态实验以及室外静态实验类似，磷添加实验组和氮添加实验组中的沉积物中的 TDP 和 TDN 均存在一个由间隙水向湖水扩散的浓度梯度。在磷添加实验组中，实验的沉积物中间隙水 TDP 整体均高于湖水，且最高为湖水中 TDP 的浓度的 4.5 倍左右，并与上覆水体的 TDP 并未表现出明显的相关性。在氮添加实验组中，实验的沉积物中间隙水 TDN 整体均高于湖水，且最高为湖水中 TDN 的浓度的 3.5 倍左右，并与上覆水体的 TDN 并未表现出明显的相关性。

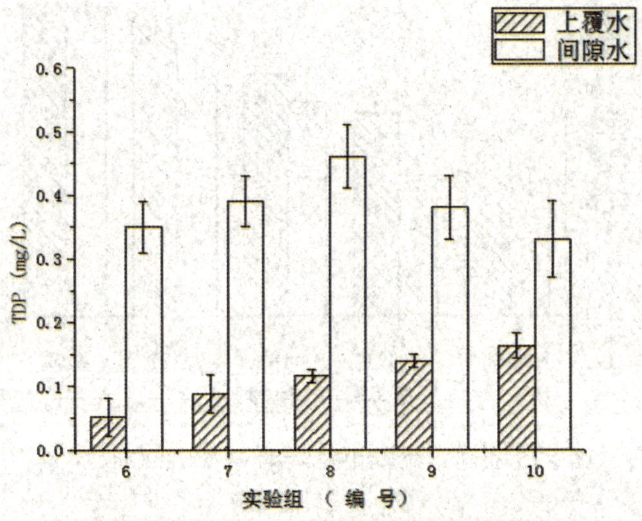

图 4-16 磷添加实验组中沉积物间隙水与上覆水中磷浓度（15 d）

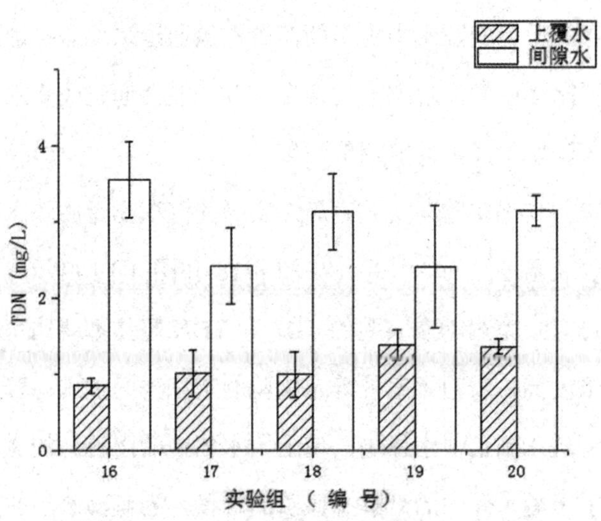

图 4-17 氮添加实验组中沉积物间隙水与上覆水中氮浓度（15 d）

总的来说，磷添加实验组中，沉积物间隙水中 TDP 的浓度均比上覆湖水中 TDP 的浓度要大，存在一个高浓度向低浓度扩散的过程，即在本实验的蓝藻水华的发生过程中，间隙水中以溶解性的磷向上覆湖水中释放。在磷添加实验组中，内源的溶解态磷通过间隙水的浓度扩散作用，直接增加上覆湖水中的溶解态磷的浓度，为蓝藻水华的发生提供更多的溶解态磷酸盐的支持，并可能会通过改变水中磷含量而影响该区域内的蓝藻水华发生的磷阈值浓度。

在氮添加实验组中，沉积物间隙水中 TDN 的浓度均比上覆湖水中 TDN 的浓度要大，存在一个高浓度向低浓度扩散的过程，即在本实验的蓝藻水华的发生过程中，间隙水中以溶解性的氮向上覆湖水中释放。本实验中沉积物中间隙水的氮浓度与上覆水中的氮浓度无相关性，表明间隙水中的氮浓度对湖泊水体中氮浓度不是决定因素。蓝藻水华的发生也会促进沉积物中内源氮的释放，蓝藻由于自身的浮动机制会大量集聚于水体表层，从而会促进水体底层溶解氧的减少，加强沉积物表层的氨化作用和反硝化作用，促进了间隙水中以氨氮为主的溶解态氮的释放。而间隙水中更多的溶解态氮通过浓度差扩散到湖水中，明显地增加了上覆水体中的溶解态氮的含量，并可能会通过改变水中氮含量而影响该区域内的蓝藻水华发生的氮阈值浓度。

比较实验室内动态实验与实验室静态实验的沉积物无间隙水与上覆水体的营养盐的浓度以及温度之间的关系，如图 4-18 和图 4-19 所示，在整个实验的中间时期，第 15 天，室内动态实验的 TDP 和 TDN 整体都要比室内静态实验的 TDP 和 TDN 浓度高，表明了室外静态实验的沉积物间隙水中释放了相对更多的 TDP 和 TDN 进入到上覆水体中，使上覆水体中的溶解态的氮磷营养盐的含量更高，增加了上覆水体中的溶解态氮磷的含量，为蓝藻水华的发生提供更多的溶解态营养盐的支持，从而改变湖泊水体中的氮磷的动态质量平衡，并可能会通过改变水中氮磷含量而影响该区域内的蓝藻水华发生的氮磷阈值浓度。根据范成新等人[184]的研究发现，作为浅水型湖泊的太湖表层底泥很容易被湖水风浪干扰，特别是湖泊中心区的风浪更大，使得底层沉积物发生再悬浮作用，而增大了间隙水中氨氮的释放。Golterman 等人[185]研究表明悬浮物质中的营养盐与藻类水华有很大关系，对于湖泊中的蓝藻来说，不论存活或者衰亡，都是悬浮物质中有机质的主要来源，因此蓝藻水华的发生与湖泊沉积物的悬浮效应会产生相互促进的作用。在本研究中，由于动态实验装置的水深比较浅，实验的沉积物的表面可能受到水体流速的影响而产生扰动，使得底层的沉积物发生悬浮效应，而沉积物的悬浮颗粒通常由无机物和有机物组成，其中有机物主要包括有机质和碎屑。而吸附于沉积物颗粒上的营养盐（如磷酸盐、分子态的 NH_3 等）会在悬浮效应下进入上覆水体，同时加速了沉积物中间隙水的营养盐的扩散速率，促使水中营养盐的浓度增大，从而可能影响该区域内的蓝藻水华发生的氮磷阈值浓度，影响了藻华的形成。

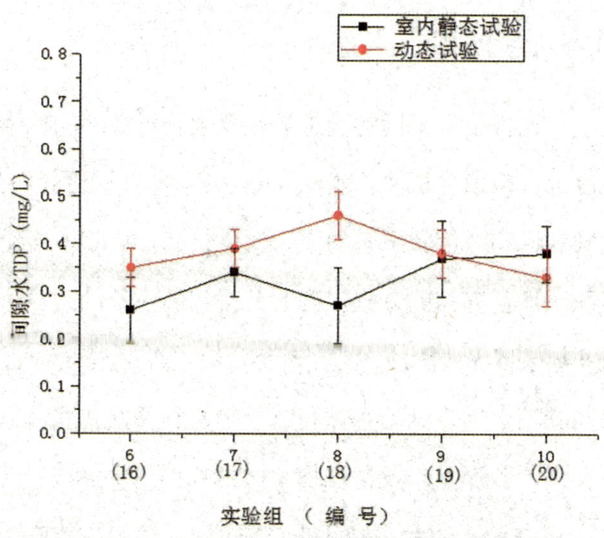

图 4-18 不同实验中磷添加实验组中沉积物间隙水中磷浓度（15 d）

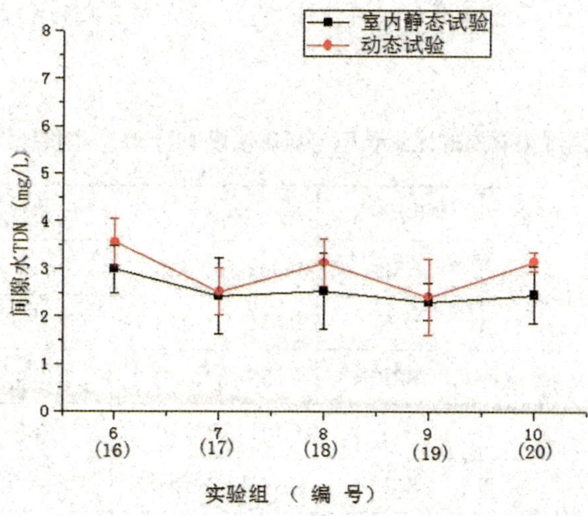

图 4-19 不同实验中氮添加实验组中沉积物间隙水中氮浓度（15 d）

4.3.4 蓝藻水华的生态动力学研究

在蓝藻水华的生态过程中，不同实验组的蓝藻生长对数期的比增长率与不同实验组的氮磷浓度进行数值分析，通过 Monod 方程，可以得到不同实验组蓝藻水华的半饱和常数和饱和浓度状态下的最大比生长率，由于本实验是基于微积分思想，采用累积添加营养盐的方式，因此其得到的生长动力学参数也为累积效应下的参数值。如表 4-6 所示。

本实验得到了在湖泊水体、湖泊水体和沉积物两种不同的水体系统中，在实验室静态培养条件下，蓝藻水华发生过程中的生长动力学参数。从本实验的研究结果来看，不论在湖泊水体系统中还是在湖泊水+沉积物共同系统中，不同流速下，以 SRP 为限制底物的 *Ks* 要远远地低于以 DIN 为限制底物的 *Ks* 值，因此，表明铜绿微囊藻对 SRP 比对 DIN 的亲和性更好，也就是说 SRP 的增加会对铜绿微囊藻的生长增殖更有促进作用，这一结果与郑朔方等人[121]的研究结果一致。

表 4-6 铜绿微囊藻的比生长率与氮磷浓度 Monod 方程模拟结果

水样	流速	限制底物	R^2	u_{max} d^{-1}	*Ks* mg/L
湖泊水	1 cm/s	SRP	0.909（P<0.01）	0.831	0.022
		DIN	0.631（P<0.01）	0.732	0.148
	5 cm/s	SRP	0.628（P<0.01）	0.824	0.025
		DIN	0.811（P<0.01）	0.788	0.148
	10 cm/s	SRP	0.9938（P<0.01）	0.833	0.026
		DIN	0.611（P<0.01）	0.785	0.151
湖泊水+沉积物	1 cm/s	SRP	0.606（P<0.01）	0.938	0.018
		DIN	0.737（P<0.01）	0.744	0.133

（续表）

水样	流速	限制底物	R^2	u_{max} d^{-1}	*Ks* mg/L
湖泊水+沉积物	5cm/s	SRP	0.753（$P<0.01$）	0.955	0.022
		DIN	0.654（$P<0.01$）	0.745	0.134
	10cm/s	SRP	0.719（$P<0.01$）	0.903	0.021
		DIN	0.674（$P<0.01$）	0.747	0.138

对比同一实验条件下的湖泊水、湖泊水+沉积物中的 *Ks* 值，发现在相同的流速情况下，在以 SRP 为限制底物，湖泊水的 *Ks* 值要大于湖泊水+沉积物组；以 DIN 为限制底物，湖泊水的 *Ks* 值要同样大于湖泊水+沉积物组；这表明了在湖泊水+沉积物水体系统中，当 SRP 限制时，SRP 的增加对铜绿微囊藻的生长增殖的促进作用水平要强于湖泊水系统；当 DIN 限制时，DIN 的增加对铜绿微囊藻的生长增殖的促进作用水平要强于湖泊水系统。这一结果可能是因为湖泊水+沉积物系统中，蓝藻水华的发生过程中，沉积物中溶解态的氮磷营养盐向上覆水体释放，增加了上覆水体的溶解态的氮磷浓度，为蓝藻水华提供了更多的营养盐支持，促进了蓝藻水华的发生。这一结果也与实验室内静态实验结果一致。

对比同一水体系统下，不同流速的 *Ks* 值发现，在湖泊水体系统中，以 SRP 为限制底物，随着低流速的增加，*Ks* 值也相应地增大，但是差异很小；以 DIN 为限制底物，随着低流速的增加，*Ks* 值同样也相应地增大，但是差异很小；这表明在低流速下，以 SRP 和 DIN 为限制底物，Ks 值整体一致，存在的微小差异可能是因为水体流速的增加，该区域内的营养盐的补给交换加速，营养盐对铜绿微囊藻的促进作用水平下降，支持蓝藻生长和增殖的营养盐的需求量相对更多。在湖泊水体和沉积物系统中，以 SRP 为限制底物，随着低流速的增加，

Ks 值无明显相关性，且整体一致；以 DIN 为限制底物，随着低流速的增加，*Ks* 值相应地增大，但是差异很小，且整体一致；这一结果与湖泊水体系统的结果一致，表明 SRP 和 DIN 对铜绿微囊藻的生长和增殖的促进作用水平，与低流速的变化相关性不大。

4.3.5 氮磷营养盐生态阈值

1. 实验室内动态实验的蓝藻水华的营养盐生态阈值结果分析

蓝藻水华的最大比增长率即为蓝藻生长的生态过程中，在对数期时期，生长的实际的最大比增长率。将每个实验组的可利用的氮和磷浓度累加后，与对应的蓝藻水华过程中的最大比增长率作关系曲线，得到营养盐与实际最大比增长率的剂量-效应关系，如图 4-20 所示。使用 1stOPt 数值分析软件，对不同条件的实验的实际最大比增长率进行拟合分析。然后采用反解算法，根据曲线的方程，求其接近其中的最大值并距离 95%处对应的拐点值，得出对应的 SRP 和 DIN 的生态饱和浓度，即为蓝藻水华发生的 SRP 和 DIN 的生态阈值，见表 4-7。

通过图4-20 营养盐对蓝藻的实际最大比增长率的影响和表4-7,可以知道，在本实验条件下，不同的水体系统中，不同的流速下，SRP 和 DIN 浓度对蓝藻的生长的作用不同。在湖泊水系统中，当 1cm/s 流速下水体累积的外源 SRP 浓度在 0～0.114 mg/L 左右时，铜绿微囊藻的实际最大比增长率会随着 SRP 的增加而显著上升，而累积的外源 SRP 浓度超过 0.114 mg/L 之后，铜绿微囊藻实际的最大比增长率随着 SRP 浓度的增加会出现保持小范围稳定甚至略微下降的趋势，即铜绿微囊藻的实际最大比增长率在外源 SRP 为 0.114 mg/L 左右时有拐点，出现了实际最大比增长率的状态跃迁，表现为蓝藻系统的生态临界效应的发生，进入蓝藻水华的阶段，此后外源 SRP 超过 0.114 mg/L 后，蓝藻的实际最大比增长率持平或者出现略微下降，因此外源 SRP 为 0.114 mg/L 即为本实验条件下 1 cm/s 流速下水体的蓝藻水华的 SRP 阈值。而在 5 cm/s 流速下和 10 cm/s 流速下分别对应的拐点，即蓝藻水华的 SRP 生态效应阈值分别为 0.113 mg/L 和 0.115 mg/L；根据铜绿微囊藻生态动力学分析，SRP 浓度的增加对促进铜绿微囊藻的生长作用更大，但并不能忽略 DIN 的浓度对蓝藻生长的影响。同样，1 cm/s 流速下，当累积的外源 DIN 浓度在 0～1.049 mg/L 左右时，铜绿微囊藻的实际最大比增长率会随着 DIN 的增加而显著上升，而累积的外源 DIN 浓度超过 1.049 mg/L 之后，铜绿微囊藻实际的最大比增长率随着 DIN 浓度的增加会出现保持小范围稳定甚至略微下降的趋势，即铜绿微囊藻的实际最大比增长率在外源 DIN 为 1.049 mg/L 左右时有拐点，出现了实际最大比增长率的状态跃迁，表现为蓝藻系统的生态临界效应的发生，进入蓝藻水华的阶段，因此外源 DIN 为 1.049 mg/L 即为本实验条件下上层水体蓝藻水华的 DIN 阈值。而在 5 cm/s 流速下，和 10 cm/s 流速下分别对应的拐点，即蓝藻水华的 DIN 生态效应阈值分别为 1.066 mg/L 和 1.092 mg/L。

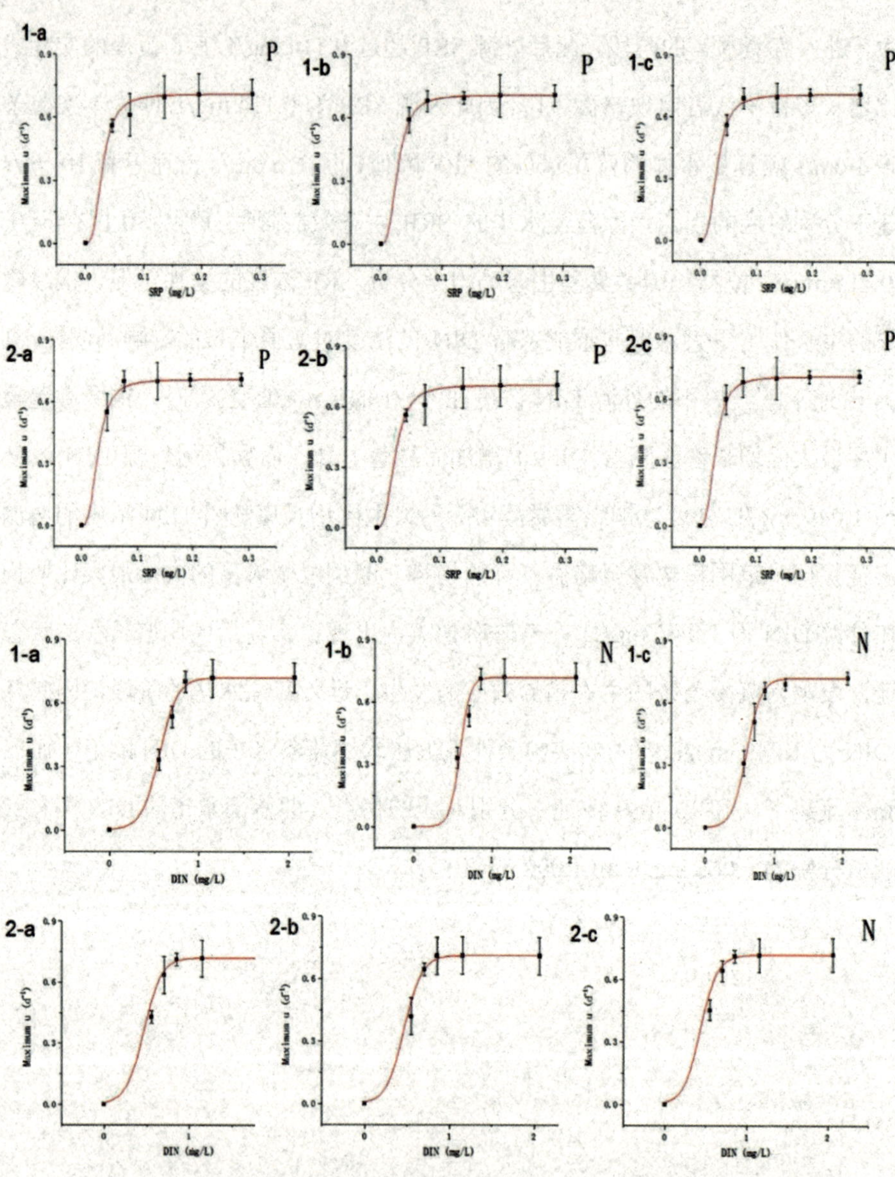

图 4-20 营养盐对蓝藻的实际最大比增长率的影响

（1：湖泊水组；2：湖泊水+沉积物组；a：1cm/s；b：5cm/s；c：10cm/s）

表 4-7 蓝藻水华发生营养盐阈值统计

水样	微量添加方式	流速	拐点值 mg/L	误差范围
湖泊水	磷	1 cm/s	SRP：0.114	<5%
	磷	5 cm/s	SRP：0.113	<5%
	磷	10 cm/s	SRP：0.115	<5%
	氮	1 cm/s	DIN：1.049	<5%
	氮	5 cm/s	DIN：1.066	<5%
	氮	10 cm/s	DIN：1.092	<5%
湖泊水+沉积物	磷	1 cm/s	SRP：0.081	<5%
	磷	5 cm/s	SRP：0.076	<5%
	磷	10 cm/s	SRP：0.082	<5%
	氮	1 cm/s	DIN：0.863	<5%
	氮	5 cm/s	DIN：0.915	<5%
	氮	10 cm/s	DIN：0.922	<5%

在湖泊水+沉积物实验组中，当 1 cm/s 流速下，水体的累积的外源 SRP 浓度在 0～0.081 mg/L 左右时，铜绿微囊藻的实际最大比增长率会随着 SRP 的增加而显著上升，之后出现拐点，即实际最大比增长率出现状态跃迁，表现为蓝藻系统的生态临界效应的发生，进入蓝藻水华的阶段，因此外源 SRP 为 0.081 mg/L 即为本实验条件下 1 cm/s 流速下水体的蓝藻水华的 SRP 阈值；而在 5 cm/s 流速下和 10 cm/s 流速下分别对应的拐点，即蓝藻水华的 SRP 生态效应阈值分别为 0.076 mg/L 和 0.082 mg/L；同样的，在 1 cm/s 流速下、5 cm/s 流速下和 10cm/s 流速下分别对应的拐点，即蓝藻水华的 DIN 生态效应阈值分别为 0.863 mg/L，0.015 mg/L 和 0.922 mg/L。

因此，本实验也同样表明，铜绿微囊藻利用水中的外源 SRP 和 DIN 的能力存在一定程度的阈值，并非 SRP 或 DIN 的外源含量越高，则铜绿微囊藻的生长速率会越快。当 SRP 或 DIN 的含量达到蓝藻所需的饱和浓度的时候，铜绿微囊藻的生长速率不会因为 SRP 或 DIN 含量的升高而发生很大的变化。总的来说，在本实验条件下的湖泊水体系统中，当在 1 cm/s 流速下，5 cm/s 流速下和 10 cm/s 流速水体 SRP 浓度分别达到 0.114 mg/L、0.113 mg/L 和 0.115 mg/L（均为 N 充足的情况下），DIN 浓度分别达到 1.049 mg/L，1.066 mg/L 和 1.092 mg/L（均为 P 充足的情况下）时，为铜绿微囊藻的饱和浓度，而超过这一浓度后，铜绿微囊藻的生长速率处于非生态响应阶段。在本实验条件下的湖泊水体和沉积物系统中，当在 1 cm/s 流速下、5 cm/s 流速下和 10 cm/s 流速水体 SRP 浓度分别达到 0.081 mg/L，0.076 mg/L 和 0.082 mg/L（均为 N 充足的情况下）；DIN 浓度分别达到 0.863 mg/L，0.015 mg/L 和 0.922 mg/L（均为 P 充足的情况下）时，为铜绿微囊藻的饱和浓度，而超过这一浓度后，铜绿微囊藻的生长速率处于非生态响应阶段。

在水体中，藻类可以通过改变碱性磷酸酶的活性，而利用溶解性有机磷（DOP）水解后转化成 SRP 而被藻类吸收利用，使得维持藻类的生长和繁殖的营养盐需要。根据高光、秦伯强等人[62]的研究，太湖湖泊中的碱性磷酸酶作用的 SRP 浓度阈值为 0.02 mg/L。在本实验中，采集的湖泊水体均来自太湖，且湖泊水、湖泊水+沉积物组中的 SRP 浓度整体均大于 0.02 mg/L，超过了太湖湖泊中的碱性磷酸酶作用的 SRP 浓度阈值，因此由于湖水中的碱性磷酸酶的活性太低，而未发生 DOP 的水解作用，因此 SRP 的含量为本实验水体中的实际有效的磷（AP）含量。许海等人[123]（2015）的研究表明，通过在太湖的长期研究中发现，SRP 是藻类生物可利用的有效的磷，且太湖中的有效磷占总磷的 60%左右；DIN 是藻类生物可利用的有效氮，且有效的氮占总氮的 50 %左右。根据以上的关系和本研究实验期间实际测得水体中各形态氮磷的浓度关系可知，将总磷中溶解性反应磷所占比例计算总磷阈值[54]，总氮中可利用的氮所占比例计算总氮阈值，从而得到在湖泊水系统中，在 1 cm/s 流速下，5 cm/s 流速下和 10 cm/s 流速水体下，蓝藻水华的 TP 的生态效应阈值分别为 0.23 mg/L、0.22 mg/L 和 0.23 mg/L；TN 的生态效应阈值分别达到 2.11 mg/L、2.19 mg/L 和 2.23 mg/L；在湖泊水+沉积物系统中，在 1cm/s 流速下、5 cm/s 流速下和 10 cm/s 流速水体下，蓝藻水华的 TP 的生态效应阈值分别为 0.15 mg/L、0.15 mg/L 和 0.16 mg/L；TN 的生态效应阈值分别达到 1.75 mg/L、1.77 mg/L 和 1.82 mg/L。

2. 沉积物及其生态弹性对营养盐生态阈值的作用

对比湖泊水系统、湖泊水+沉积物系统的 SRP 和 DIN 的蓝藻水华的阈值可以看到，湖泊水的 SRP 阈值和 DIN 阈值均比湖泊水+沉积物中的 SRP 阈值和 DIN 阈值要高，这可能有两方面原因。一方面在生态系统中，沉积物中的 TDP 和 TDN 向上覆水体的释放有直接关系。这也与本书实验室内静态实验的结论一致。根据本书在实验室内动态实验的对沉积物间隙水的分析，藻类的生长和沉积物中 TDP 和 TDN 的释放是相互促进的。因此在湖泊水+沉积物的内源的溶解态磷通过间隙水的浓度扩散作用，直接增加上覆湖水中的溶解态磷的浓度，为蓝藻水华的发生提供更多的溶解态磷酸盐的支持，因此蓝藻的外源的 SRP 的生态响应临界浓度，即饱和浓度由于沉积物的促进作用而更低。湖泊区域富营养化越严重，沉积物有机质越丰富，微生物活动越强，使该区域的氨化作用和反硝化作用越强，同时，蓝藻由于自身的浮动机制会大量集聚在水体表层，从而会促进水体底层溶解氧的减少，加强沉积物表层的氨化作用和反硝化作用，促进了间隙水中以氨氮为主的溶解态氮的释放，沉积物的 TDN 的释放为蓝藻水华的发生提供更多的溶解态氮的支持，因此蓝藻的外源的 DIN 的生态响应临界浓度，即饱和浓度由于沉积物的促进作用而更低。

另一方面，在本研究中，由于动态实验装置的水深比较浅，实验的沉积物表面可能受到水体流速的影响而产生扰动，使得底层的沉积物发生悬浮效应，Golterman 等人[185,186]研究表明悬浮物质中的营养盐与藻类水华有很大关系，对于湖泊中的蓝藻来说，不论存活或者衰亡，都是悬浮物质中的有机质的主要来源，因此蓝藻水华的发生与湖泊沉积物的悬浮效应会产生相互促进的作用。而沉积物的悬浮颗粒通常由无机物和有机物组成，其中有机物主要包括有机质和碎屑。而吸附于沉积物颗粒上的营养盐（如磷酸盐、分子态的 NH_3 等）会在悬浮效应下进入上覆水体，同时加速了沉积物中间隙水的营养盐的扩散速率，从而促使了水中 TDP 和 TDN 浓度的增大，为蓝藻水华的发生在短时间内提供更多的营养盐的支持，因此沉积物实验组中的 SRP 和 DIN 的生态阈值会更低。

另外，同样可以通过生态弹性模型分析湖泊水+沉积物的水体的蓝藻水华的生态阈值比湖泊水体系统更低，其分析参见本章实验室内静态实验 4.1.5。

3. 不同低流速条件对营养盐生态阈值的影响

比较两种水体系统中不同流速对营养盐阈值的影响可以看到，在两种水体系统中，在三种不同的低流速（1～10 cm/s）条件下，各组之间的 SRP 生态阈值无显著差异，DIN 的生态阈值无显著差异，这表明不同低流速（1～10 cm/s），对蓝藻水华的 SRP 和 DIN 的生态阈值没有明显的影响。黄钰铃等人[187,188]研究发现，在低流速的水体条件下，铜绿微囊藻的生长情况与流速大小没有明显规律。该研究结果与本研究的结论一致，这与孔繁祥等人[183]的研究表明，在水体中的低流速状态下，容易有藻类水华的发生的结论一致。

4. 营养盐生态阈值的对比分析

对比实验室内动态实验与实验室内静态实验的结果数据，发现在湖泊水体系统中，实验室内动态的 SRP 和 DIN 的生态阈值要整体比实验室内静态的生态阈值偏高。这是因为根据文献[189-191]表明，藻类的水华不仅与营养盐浓度有关，而且也与环境中的温度、光强、水动力条件等因素关系密切。本研究的动态实验，流速较低，但是水体的流动加速了水体中营养盐的交换，营养盐在局部区域内浓度相对不稳定，导致支持蓝藻水华的营养盐的需求量更高，因此 SRP 和 DIN 的阈值要偏高。而在湖泊水+沉积物的系统中，实验室内动态的 SRP 和 DIN 的生态阈值整体要比实验室内静态的生态阈值偏低一点，这可能由于动态实验装置的水深比较浅，实验的沉积物的表面可能受到水体流速的影响而产生扰动，使得底层的沉积物发生悬浮效应，Golterman 等人[185]研究表明悬浮物质中的营养盐与藻类水华有很大关系，水华的发生与湖泊沉积物的悬浮效应会产生相互促进的作用。悬浮效应增加了区域内水体中营养盐的浓度，使得支持蓝藻水华的 SRP 和 DIN 的浓度的需求更低，因此发生生态临界效应的 SRP 和 DIN 的阈值偏低。

本研究的氮磷的阈值结果同样与美国环保署的湖泊的 TP 浓度（0.05 mg/L），SRP 浓度（0.025 mg/L）上限值存在差异，需要结合我国地表水水质质量标准的湖泊营养盐标准进行特定的分析。由于目前对在低流速条件下的蓝藻水华的营养盐阈值研究的文献比较少，许海等人（2010）[109]在太湖梅梁湾秋夏时对原湖水中占 90%以上的微囊藻进行了现场水动力条件下的研究，结果为可溶性磷（SRP）大于 0.2 mg/L，可溶性氮（DIN）大于 0.8 mg/L，该研究结果与本实验的湖泊水体系统的 SRP 阈值和 DIN 的阈值结果存在差异，这可能主要与外界自然环境的差异有关。因此本实验条件下的蓝藻水华的氮磷阈值可能与实际真实湖泊水体的氮磷阈值存在一定差异，但是对真实湖泊水体的蓝藻水华的发生阈值生态学研究具有重要的借鉴作用。

4.4 本章小结

（1）实验室内静态阈值实验

在本实验的 P 浓度添加范围内，各组 Chl-a 的浓度最大值随着 P 浓度的升高而增大；在本实验的 N 浓度添加范围内，各组 Chl-a 的浓度最大值随着 N 浓度的升高而增大，且湖泊水+沉积物的 Chl-a 的浓度最大值均比湖泊水高，这与沉积物的内源 N 和 P 的释放有关。

实验组沉积物中间隙水与湖水之间的 TDP、TNP 存在着一个由间隙水向湖水扩散的浓度梯度。可以推测实验组沉积物中磷在间隙水中以可溶态磷酸盐向上覆水体释放，而氮在间隙水中主要以可溶态氮的形式向水体扩散。

通过实验，湖泊水实验组中蓝藻水华的 SRP（溶解性正磷酸盐）阈值为 0.119 mg/L，DIN（溶解态无机氮）阈值为 0.993 mg/L；湖泊水+沉积物实验组的中蓝藻水华的 SRP 阈值为 0.099 mg/L，DIN 阈值为 0.881 mg/L；由于实验组沉积物中间隙水向湖水扩散的 TDP 和 TNP 增加了上覆水体的 SRP 和 DIN 浓度，并与蓝藻水华的发生起到相互促进的作用，因此沉积物实验组的营养盐生态阈值比湖水组的阈值更低。

（2）实验室外静态阈值实验

在本实验的 P 浓度添加范围内，各组 Chl-a 的浓度最大值随着 P 浓度的升高而增大；在本实验的 N 浓度添加范围内，各组 Chl-a 的浓度最大值随着 N 浓度的升高而增大，且湖泊水+沉积物的 Chl-a 的浓度最大值均比湖泊水高，这与沉积物的内源 N 和 P 的释放有关。

实验组沉积物中间隙水与湖水之间的 TDP、TNP 存在着一个由间隙水向湖水扩散的浓度梯度。本实验的间隙水释放 TDP、TNP 的浓度整体比实验室内静态实验的浓度高，这与室外温度的增加，沉积物表层微生物的活性增强，促进分解更多有机物变成营养盐，释放到上覆水体有关。

本实验，湖泊水实验组中上下两个水层，蓝藻水华发生的 SRP 阈值为 0.151～0.156 mg/L，DIN 阈值为 1.427～1.432 mg/L；湖泊水+沉积物实验组的中蓝藻水华发生的 SRP 阈值为 0.084～0.096 mg/L，DIN 阈值为 0.862～0.971 mg/L，不同实验组的水体的氮磷阈值出现上层水体比下层水体偏高的情况，这可能因为蓝藻的自身的胞空结构，在生长过程中会大量集聚在上层水体表面，需要更高的营养盐浓度，另一方面，沉积物中间隙水的 TDP 和 TDN 直接释放到与之相接触的下层水体，导致下层水体的营养盐浓度更高。

（3）实验室内动态阈值实验

在本实验的 P 浓度添加范围内，各组 Chl-a 的浓度最大值随着 P 浓度的升高而增大；在本实验的 N 浓度添加范围内，各组 Chl-a 的浓度最大值随着 N 浓度的升高而增大，且湖泊水+沉积物的 Chl-a 的浓度最大值均比湖泊水高，这与沉积物的内源 N 和 P 的释放有关；

实验组沉积物中间隙水与湖水之间的 TDP、TNP 存在着一个由间隙水向湖水扩散的浓度梯度。本实验间隙水释放 TDP、TNP 的浓度整体比实验室内静态实验的浓度高，这可能是因为本实验不同水流会使沉积物发生悬浮效应，促进了间隙水的氮磷释放。

湖泊水实验组中不同流速下蓝藻水华发生的SRP阈值为0.113～0.115 mg/L，DIN 阈值为 1.049～1.092 mg/L；湖泊水+沉积物实验组的不同流速下蓝藻水华发生的 SRP 阈值为 0.076～0.082 mg/L，DIN 阈值为 0.863～0.922 mg/L；不同低流速下，对蓝藻水华的营养盐阈值的整体影响不大，存在小范围随流速上升而阈值上升的趋势，这可能与流速的增加使水体的营养盐交换加速，支持蓝藻水华的营养盐浓度更高。沉积物实验组的营养盐生态阈值比湖水组的阈值更低，这与沉积物中间隙水中溶解态的营养盐释放有关。

第 5 章　蓝藻水华的营养盐生态阈值的湖泊现场研究

本书第 1 章的文献综述表明，目前国外发达国家对营养盐的研究，开始着重发展营养盐富集法和营养盐削减法，且这两种方法相对更加科学合理，能更真实地反映实际湖泊中的营养盐与藻类的生态响应过程。

目前国内采用这两种方法进行湖泊的富营养化问题的研究相对很少，本研究正是对我国富营养化问题最具代表性之一的和蓝藻水华非常严重的滇池，结合以实际湖泊中局部湖湾的营养盐浓度往往比全湖平均值高很多，是否局部湖湾的营养盐生态阈值也相应偏高问题作为立足点，对滇池西北部湖湾展开营养盐富集法和营养盐削减法的研究，同时根据我国湖泊的实际情况与国外湖泊的情况存在差异，对两种生态学阈值方法进行优化设计，以探求滇池西北部湖湾的蓝藻水华的营养盐的生态阈值，为滇池和我国湖泊的蓝藻水华的机理机制提供基础数据和起到借鉴作用。

5.1 研究区域

滇池，中国第六大湖，位于昆明市西南部，是著名的高原湖泊，水域面积约 300 km^2，平均水深大约 4.0 m，平均水温为 19 ℃。滇池气候属北亚热带湿润季风气候区[192]。

滇池从 20 世纪 90 年代开始，蓝藻水华逐渐增多，严重破坏了滇池的生态系统和周围居民的饮用水安全。根据研究统计[193,194,195]，滇池草海的 TN 全年变化为 2.7～22 mg/L，TP 为 0.2～2.4 mg/L，其中外海全年变化 TN 为 2.7～12 mg/L，TP 为 0.2～3.6 mg/L。营养盐浓度整体很高，适合藻类的生长增殖。

根据氮磷营养盐浓度的指标来判断，滇池西山脚下的西北部湖湾处于严重富营养状态。其原因是因为北部靠近草海，是城市生活污水和工业废水的主要接纳场所，因而氮磷营养盐污染较严重，蓝藻水华频发[196-198]。因此，滇池的北部湖湾是我国湖泊的蓝藻水华现象的主要代表之一，本研究正是以滇池西北部湖湾为研究区域。

5.2 营养盐阈值生态学方法优化研究

5.2.1 生态学实验点设置

目前，国内用于营养盐阈值的生态研究方法主要为藻类生长潜力法，而近些年发展的更受到外国学者认可的营养物富集生物法和营养盐削减生物法却研究很少，在我国湖泊上的营养盐阈值应用至今也没有形成一个统一认可的方法规程。本实验选用营养盐富集法和营养盐削减生物法来研究我国蓝藻水华最具代表之一的滇池西北部湖湾，并针对我国国情，对两种方法进行优化设计。

在阈值生态学研究方法中，从营养盐富集生物法和营养盐削减生物法的区别来说，如果将营养物富集生物学法用于营养盐浓度极高的湖泊区域时，氮磷营养盐对湖水中藻类生长的刺激作用可能不明显。因此，对同一个富营养化的湖泊而言，在富营养化且营养盐浓度极高的湖泊区域（如岸边），适合采用营养盐削减生物法；而在富营养化且营养盐浓度偏低的湖泊区域（如靠近湖中）适合采用营养盐富集生物法。在滇池西北部湖湾，根据表 5-1 和表 5-2，可以看到实验点 3 和 4 的水质营养状况属于重度富营养化，要高于实验点 1 和 2，因此本研究设定实验点 1（24°96′N，102°64′E）和实验点 2（24°96′N，102°65′E）进行营养盐富集生物法实验，实验点 3（24°97′N，102°64′E），实验点 4（24°97′N，102°64′E）进行营养盐削减生物法实验，如图 5-1 所示。

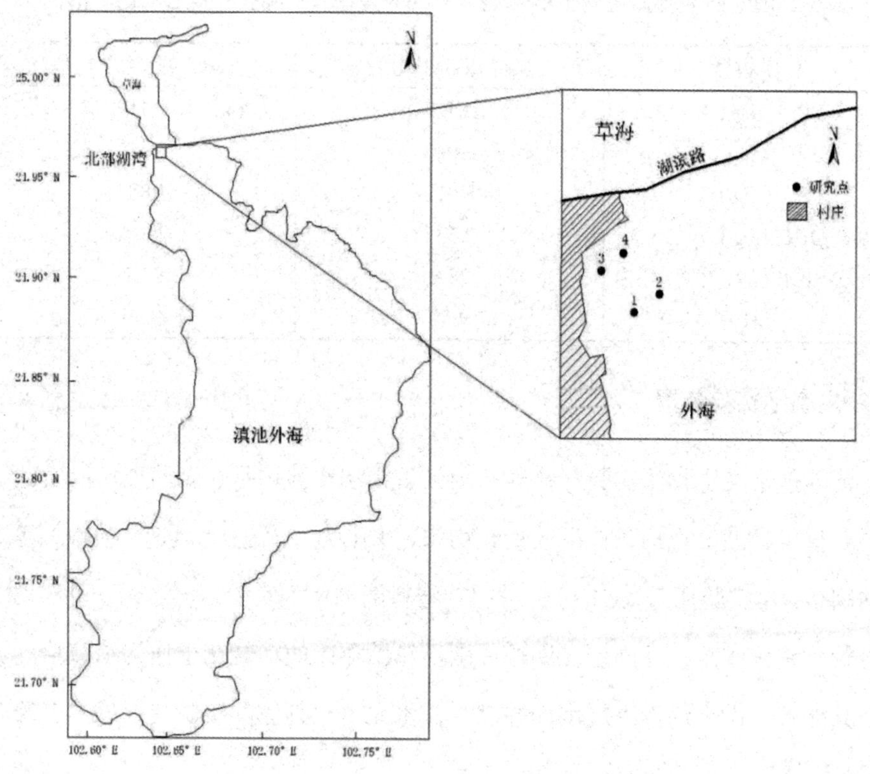

图 5-1 营养盐阈值生态学实验的研究点

表 5-1 滇池西北部湖湾两个实验点（1、2）夏季（6 月份）湖泊水化学指标

化学指标	实验点 1 平均值	实验点 2 平均值
TP （mg/L）	0.245	0.228
SRP （mg/L）	0.025	0.023
TN （mg/L）	2.863	2.792
DIN （mg/L）	1.387	1.332
表层水温 （°C）	23.1	23.3
pH	9.18	9.02

表 5-2 滇池西北部湖湾两个实验点（3、4）夏季（6 月份）湖泊水化学指标

化学指标	实验点 3 平均值	实验点 4 平均值
TP （mg/L）	0.422	0.419
SRP （mg/L）	0.047	0.043
TN （mg/L）	5.012	4.889
DIN（mg/L）	2.533	2.316
表层水温 （°C）	23.2	23.1
pH	9.42	9.39

5.2.2 生态学实验装置

营养盐富集生物法实验与营养盐削减生物法实验均是在湖泊现场的实验，需要着重考虑湖泊现场条件下的受光均匀、水动力（流速）、风速（波浪）等方面的因素。本实验用带盖的 10 L 透明软塑料圆桶作为实验培养容器，可浮动的大号轮胎制作成浮床并固定在钢桩周围，轮胎浮床的功能在于作为承载培养容器使其能够浸没于湖泊表层水体并漂浮在水面上。具体的实验装置见本书第 2 章 2.1 节。

5.2.3 生态学方法优化

根据文献[199]研究发现，在营养盐富集生物法实验中，N 和 P 的添加强度和方式很关键。由于本实验是在实际的湖泊水体的水质条件上展开研究的，所以在营养盐阈值实验中外源添加多少氮、磷营养盐才会保证添加的营养盐能够刺激原湖水藻类生物群的生长；同时由于通常实际湖泊水中的 N 和 P 浓度已经比较高，要防止一方面添加过多营养盐而导致对原藻类群落生长的抑制，另一方面添加过多的营养盐不能真实反映营养盐变化和原藻类的生态响应关系。因此应该确保添加的 N 和 P 的最高浓度低于污染最严重的主要入湖河道水体中的 N 和 P 浓度。根据对滇池营养盐负荷和湖泊污染源的实际情况，以及滇池西北部湖湾的实际监测的水质情况，本研究采用的营养盐添加强度为营养盐富集生物法实验点的实际营养盐浓度的 0.1～1 倍作为梯度范围。

确定营养盐的添加强度后，需要探讨营养盐的添加方式。根据富营养化湖泊的实际情况，湖泊的生态系统是一个动态过程，即湖泊的外源氮磷营养盐和内源氮磷营养盐是在不断动态变化的，而蓝藻水华的发生正是在这种动态变化的环境中达到累积效应后，演变和发生起来的，因此以往的蓝藻水华发生的生态学实验中的一次性添加初始氮磷浓度的方法有待优化。国外学者目前有两种添加方式，一是采用一次性添加，二是采用分次添加。根据我国学者 [112] 的实验结果：一次性添加营养盐，可能直接抑制藻类的生长。因此本研究选择国外争论中的另一种添加方式——每天平均分次添加营养盐培养方式。

5.3 营养盐富集生物法阈值研究

5.3.1 实验设计

1. 实验思路

营养盐富集生物法是根据李比希“最低因子”规律，测定实际自然水体环境条件下，实际藻类生物群落对不同营养盐的响应状况，以确定实际自然水体中藻类生长的限制性营养因子，并分析不同时期湖泊的限制性营养元素输入与生态系统响应关系后限制性营养盐的阈值。

本研究于 2015 年 6 月下旬，对滇池西北部湖湾的实验点 1 和 2，进行原位现场营养盐富集生物法实验。采集湖泊表层水体及其原始藻类生物群的水样，然后尽量平均分装到 10 L 的透明软塑料圆桶中进行原位现场实验。营养盐的添加强度以 0.1～1 倍的原湖水的 N 和 P 的浓度，每组实验处理组的每天投加药品浓度梯度见表 5-4 和表 5-5 所示。对于所有处理组，实验初始阶段均添加充足 $NaHCO_3$，消除 C 的影响；未添加营养盐的实验组作为对照组（Control）。每组处理组均有三个平行样，实验时间为 10 天左右。具体的实验设计如表 5-3 和表 5-4 所示。实验每天上午 9 点取水样后立即到滇池北部岸边的实验基地进行各水质指标的分析。另外，本实验由于在湖泊现场进行，偶尔存在个别实验容器有水鸟干扰的现象，特对偶然出现干扰的实验容器的数据予以剔除。

表 5-3 滇池西北部湖湾夏季湖泊营养盐富集生物法实验设计（实验点 1）

编号	初始水体（mg/L）	每日添加 KH_2PO_4（以 P 计，$\mu g\ l^{-1}d^{-1}$）	每日添加 $NaNO_3$（以 N 计，$\mu g\ l^{-1}d^{-1}$）	每日添加 NH_4Cl（以 N 计，$\mu g\ l^{-1}d^{-1}$）	实验目的
1	SRP：0.025	0	/	/	对照
2	SRP：0.025	0. 25	/	/	磷
3	SRP：0.025	1.25	/	/	磷
4	SRP：0.025	2	/	/	磷
5	SRP：0.025	2.5	/	/	磷
6	DIN：1.387	/	0	/	对照
7	DIN：1.387	/	13.87	/	硝氮
8	DIN：1.387	/	69.35	/	硝氮
9	DIN：1.387	/	110.96	/	硝氮
10	DIN：1.387	/	138.70	/	硝氮
11	DIN：1.387	/	/	0	对照
12	DIN：1.387	/	/	13.87	氨氮
13	DIN：1.387	/	/	69.35	氨氮
14	DIN：1.387	/	/	110.96	氨氮
15	DIN：1.387	/	/	138.70	氨氮
16	SRP：0.025 DIN：1.387	0	0	/	对照
17	同上	0. 25	13.87	/	磷、硝氮
18	同上	1.25	69.35	/	磷、硝氮
19	同上	2	110.96	/	磷、硝氮
20	同上	2.5	138.70	/	磷、硝氮

（续表）

编号	初始水体（mg/L）	每日添加 KH_2PO_4（以P计，μg $l^{-1}d^{-1}$）	每日添加 $NaNO_3$（以N计，μg $l^{-1}d^{-1}$）	每日添加 NH_4Cl（以N计，μg $l^{-1}d^{-1}$）	实验目的
21	同上	0	/	0	对照
22	同上	0. 25	/	13.87	磷、氨氮
23	同上	1.25	/	69.35	磷、氨氮
24	同上	2	/	110.96	磷、氨氮
25	同上	2.5	/	138.70	磷、氨氮

表 5-4 滇池西北部湖湾夏季湖泊营养盐富集生物法实验设计（实验点 2）

编号	初始水体（mg/L）	每日添加 KH_2PO_4（以P计，μg $l^{-1}d^{-1}$）	每日添加 $NaNO_3$（以N计，μg $l^{-1}d^{-1}$）	每日添加 NH_4Cl（以N计，μg $l^{-1}d^{-1}$）	实验目的
1	SRP：0.023	0	/	/	对照
2	SRP：0.023	0.23	/	/	磷
3	SRP：0.023	1.15	/	/	磷
4	SRP：0.023	1.84	/	/	磷
5	SRP：0.023	2.3	/	/	磷
6	DIN：1.332	/	0	/	对照
7	DIN：1.332	/	13.32	/	硝氮
8	DIN：1.332	/	66.6	/	硝氮
9	DIN：1.332	/	106.56	/	硝氮
10	DIN：1.332	/	133.2	/	硝氮

（续表）

编号	初始水体（mg/L）	每日添加 KH_2PO_4（以 P 计，$\mu g\ l^{-1}d^{-1}$）	每日添加 $NaNO_3$（以 N 计，$\mu g\ l^{-1}d^{-1}$）	每日添加 NH_4Cl（以 N 计，$\mu g\ l^{-1}d^{-1}$）	实验目的
11	DIN：1.332	/	/	0	对照
12	DIN：1.332	/	/	13.32	氨氮
13	DIN：1.332	/	/	66.6	氨氮
14	DIN：1.332	/	/	106.56	氨氮
15	DIN：1.332	/	/	133.2	氨氮
16	SRP：0.023 DIN：1.332	0	0	/	对照
17	同上	0	13.32	/	磷、硝氮
18	同上	0.23	66.6	/	磷、硝氮
19	同上	1.15	106.56	/	磷、硝氮
20	同上	1.84	133.2	/	磷、硝氮
21	同上	0	/	0	对照
22	同上	0.23	/	13.32	磷、氨氮
23	同上	1.15	/	66.6	磷、氨氮
24	同上	1.84	/	106.56	磷、氨氮
25	同上	2.3	/	133.2	磷、氨氮

5.3.2 蓝藻水华的生态响应

1. 实验期间温度变化

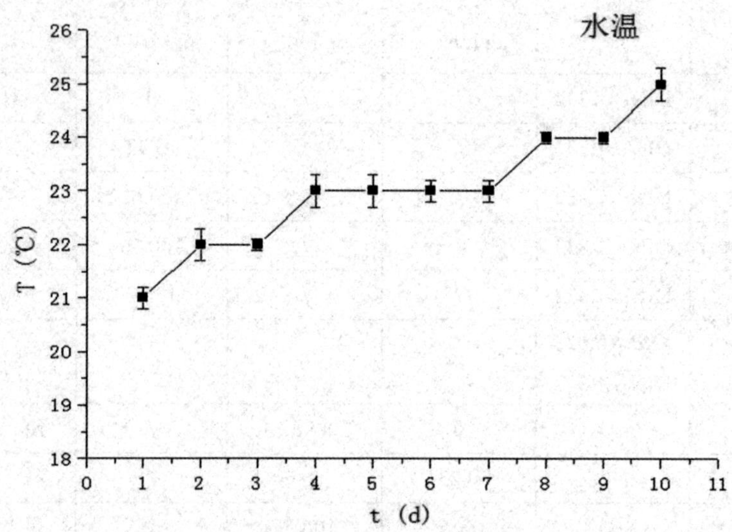

图 5-2 实验期间水温变化

从图 5-2 可以看出实验期间的实验点 1 和实验点 2 的水温均在 21.1℃ 到 25.3℃ 的范围内波动，且各组无显著差异（one-way ANOVA, treatment effect, $p > 0.05$）。根据文献[200]表明，该温度变化属于适宜蓝藻水华发生的温度范围。

2. 营养盐对蓝藻生长的显著性分析

在本营养盐富集实验中，由于采集的是原湖水，即其所含的原始藻类生物群落，因此其水中 N、P 的浓度和 Chl-a 浓度均偏高。为了能更好地描述添加的营养盐对原湖水中原始藻类生物群落的作用，和可能对原始藻类生物量产生增长的影响，本研究采用叶绿素相对比较系数（CRCC），以消除原湖水中 Chl-a 的浓度的差异。比较系数某营养盐条件=（叶绿素$_{某营养盐条件}$/叶绿素$_{对照}$-1）×100%。

原湖水中未添加营养盐的处理组，用 Control 表示。其中，最大叶绿素相对比较系数，即为在每组实验组中，整个实验过程中（10 d），叶绿素相对比较系数的最大值。

对滇池西北部湖湾 2015 年 6 月份的实验期间（10 d）中的最大叶绿素相对比较系数与不同营养盐的添加方式进行多因素方差分析，结果如表 5-5 所示。可以看出：2015 年夏季（6 月）滇池西北部湖湾，往培养容器中添加 N、P 等不同方式的营养盐，P 对原始藻类生物群落生长的刺激作用显著，NH_4^+-N，NO_3^--N 对原始藻类生物群落生长的刺激作用较显著，同时添加 P 和 NO_3^--N 和 P 和 NH_4^+-N 对原始藻类生物群落生长的刺激作用显著；因此，总体而言滇池西北部湖湾夏季原始藻类生物群落生长的主要限制性营养盐是 P 和 N，且 P 和 N 存在一定程度的相互促进的协同作用。根据魏徽等人（2010）[103]于秋季 10 月份对不同滇池湖区，滇池提取出来的铜绿微囊藻采用藻类生长潜力法进行培养，发现滇池北部靠近海埂区域的铜绿微囊藻水华的主要限制因子是磷。这一结果与本实验的磷限制是一致的，与本实验的氮也呈一定程度的限制结果是不一致的。这主要是因为，本研究时间是夏季 6 月份，湖泊的营养盐限制因素会因为不同季节而存在差异。同时，因研究的湖泊区域的不同，营养盐的限制也存在差异。

表 5-5　多因素方差分析结果

滇池北部湖湾实验点	月份	添加 P	添加 NO_3^--N	添加 NH_4^+-N	添加 P+ NO_3^--N	添加 P+ NH_4^+-N
研究点 1	6	+++	+	+++	++	+++
研究点 2	6	+++	++	++	++	++

注：+++p<0.001，++ p <0.01，+ p <0.05。

3. 湖水原始藻类增长响应结果

在本实验中，最大叶绿素相对比较系数能够较好地描述不同营养盐条件下，原始藻类生物群落相对原湖水的增长状况。根据不同营养盐添加条件下，分析最大叶绿素相对比较系数如图 5-3 所示。原湖水的数据结果用 0%表示。同时，实验中的 N 和 P 的不同添加方式与原湖水进行 LSD 两两分析比较，并用*在图 5-8 中标明出现有显著影响的（$p<0.05$）。

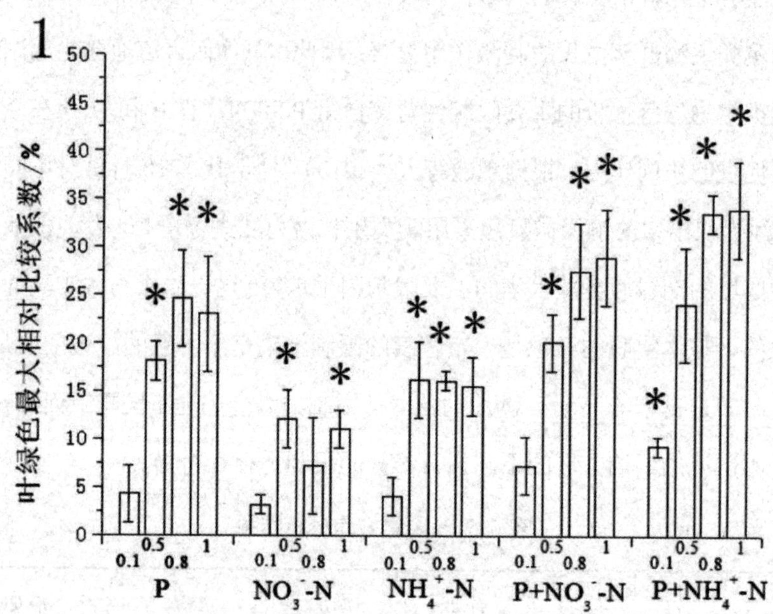

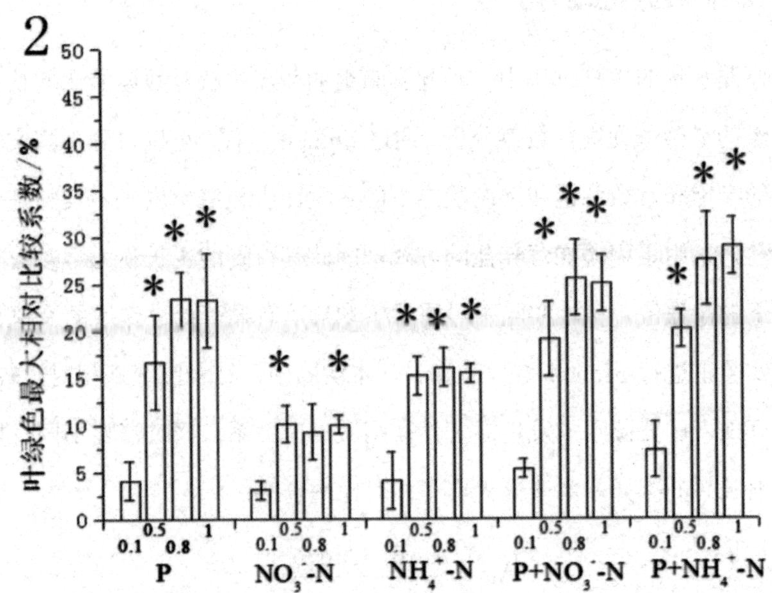

（注：横坐标为培养容器中营养盐添加方案，其中数字为营养盐的添加倍数）

图 5-3 实验点（1、2）夏季生态实验中藻类增长响应

从图 5-3 中可以看出在滇池北部湖湾，夏季的湖泊水体中，实验中磷的添加会对原始藻类生物群落产生显著影响，并且促进作用随磷浓度的增加而不断增加。实验中氨氮的添加比较显著促进原始藻类生物群落的生长，硝氮的添加促进作用不明显。实验中磷和硝氮共同添加、磷和氨氮共同添加，均可以显著促进原始藻类生物群落的生长。硝氮对夏季湖泊水体中的藻类的刺激不明显，这可能与铜绿微囊藻对氨氮的吸收要强于硝氮有关。

4. 原始藻类生物群落变化

在滇池北部湖湾夏季（6 月份）的两个实验点的实验中，实验初期铜绿微囊藻为水中的优势种群，占浮游植物总生物量的 94%左右；而在整个实验阶段，铜绿微囊藻始终保持种群优势，平均占浮游植物总生物量的 96%左右。

5.3.3 蓝藻水华的生态动力学

在蓝藻水华的生态过程中，不同实验组的蓝藻生长对数期的比增长率与不同实验组的氮磷浓度进行数值分析，通过 Monod 方程，可以得到不同实验组蓝藻水华的半饱和常数和饱和浓度状态下的最大比生长率，由于本实验是分成添加营养盐，采用累积添加营养盐的方式，因此其得到的生长动力学参数也为累积效应下的参数值。在本实验中对原始生物群落有显著促进作用的 P 添加和氨氮添加实验组进行 Monod 方程计算。在本实验中，结合叶绿素相对比较系数，为了更好地表达蓝藻水华发生的营养盐刺激响应关系，同时消除不同时期原湖水中比增长率的差异，本研究提出了相对比增长率：

$$\Delta\mu = \frac{\Delta\ln B_t - \Delta\ln B_0}{\Delta t} \tag{5-1}$$

其中，$\Delta\mu$ 是相对比增长率，（1/d）；$\Delta\ln B_t$ 在一定实验时间营养盐处理组与原湖水组的藻生物量的差值，mg/L；$\Delta\ln B_0$ 是在初始实验时营养盐处理组与原湖水组的藻生物量的差值 mg/L；Δt 是一定实验时间。同时相对于地，提出了相对修正的 Monod 方程，即：

$$\Delta\mu = \mu_{\max} \times K_S \times \frac{\Delta S}{\left(K_S + S_C\right)^2 + \left(K_S + S_C\right)\Delta S} \tag{5-2}$$

其中，$\Delta\mu$ 是一定实验时间的相对比增长率；ΔS 是营养盐处理组与原湖水的营养盐总差值，$\mu_{\max}$ 是最大比增长率，K_S 是半饱和系数，S_C 是原湖水中的营养盐浓度。对修正的 Monod 方程变形得到：

$$\frac{1}{\Delta\mu} = \frac{1}{\Delta S} \times \frac{\left(K_S + S_C\right)^2}{K_S \times \mu_{\max}} + \frac{K_S + S_C}{K_S \times \mu_{\max}} \tag{5-3}$$

K_S 和 $\mu_{\max}$ 可以通过最小二乘法得到。结果如表 5-6 所示。

表 5-6 铜绿微囊藻的比生长率与氮磷浓度 Monod 方程模拟结果

实验点	限制底物	R^2	u_{max} d^{-1}	Ks （mg/L）
1	SRP	0.665（P<0.01）	0.57	0.016
	DIN	0.637（P<0.01）	0.52	0.172
2	SRP	0.628（P<0.01）	0.55	0.017
	DIN	0.714（P<0.01）	0.53	0.168

本实验得到了夏季滇池北部湖湾湖水中实验点 1 和实验点 2，原始藻类生物群落的生长动力学参数。*Ks* 值是评价藻类对营养盐的亲和性的指标，越小的 *Ks*，表明越小的浓度就可以达到饱和浓度下藻类生长供应速率的最大值的一半，即亲和性越好。反之，则亲和性越差，需要的浓度越高。从本实验的研究结果来看，不论在实验点 1 还是实验点 2，以 SRP 为限制底物的 *Ks* 要远远低于以 DIN 为限制底物的 *Ks* 值。因此，表明本实验中原始藻类生物群落对 SRP 比对 DIN 的亲和性更好，也就是说 SRP 的增加会对原始藻类生物群落的生长增殖更有促进作用。

5.3.4 氮磷营养盐生态阈值

藻类水华的最大比增长率即为蓝藻生长的生态过程中，在对数期时期，生长的实际的最大比增长率。将每个实验组可利用的氮和磷浓度累加后，与对应的蓝藻水华过程中的最大比增长率做关系曲线，得到营养盐与实际最大比增长率的剂量-效应关系，如图5-4所示。使用1stOPt 数值分析软件对不同条件的实验的实际最大比增长率进行拟合分析。然后采用反解算法，根据曲线的方程，求其接近其中的最大值并距离95%处对应的拐点值，得出对应的SRP和DIN的浓度，即为滇池北部湖湾原始藻类生物群落水华发生的SRP和DIN的阈值，见表5-7。

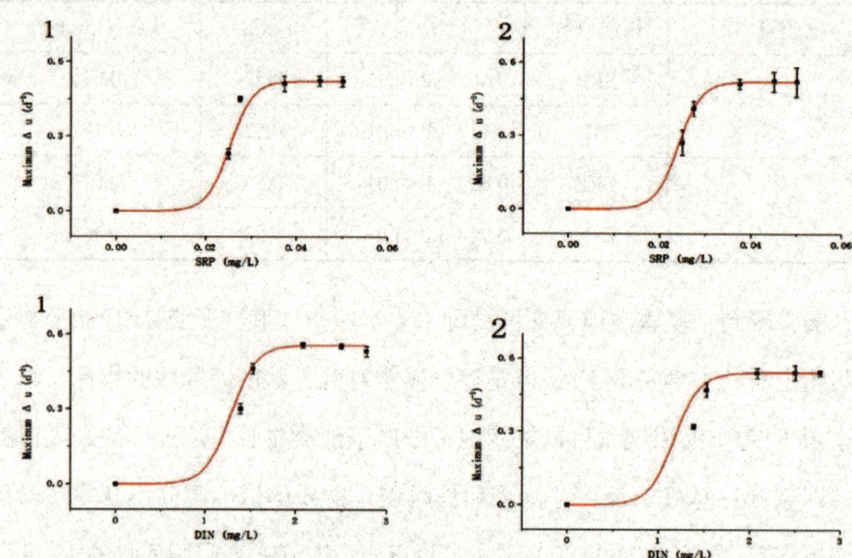

图 5-4 营养盐对藻类的实际最大比增长率的影响（1 为实验点 1；2 为实验点 2）

表 5-7 滇池西北部湖湾 NEB 实验点夏季蓝藻水华发生营养盐阈值

湖泊实验点	添加方式	拐点值（mg/L）	误差范围
实验点 1	磷	SRP：0.031	<5%
	氨氮	DIN：1.637	<5%
实验点 2	磷	SRP：0.032	<5%
	氨氮	DIN：1.631	<5%

1. 滇池北部湖湾的营养盐生态阈值结果分析

通过图 5-4 和表 5-11 可以知道，在本实验条件下，不同的水体系统中，SRP 和 DIN 浓度对藻类生长的作用不同。在实验点 1 中，当上层水体累积的外源 SRP 浓度在 0～0.031 mg/L 左右时，藻类的实际最大比增长率会随着 SRP 的增加而显著上升，而累积的外源 SRP 浓度超过 0.031 mg/L 之后，藻类实际的最大比增长率随着 SRP 浓度的增加会出现保持小范围稳定甚至略微下降的趋势，即藻类的实际最大比增长率在外源 SRP 为 0.031 mg/L 左右时有拐点，出现了实际最大比增长率的状态跃迁，表现为藻类的生态临界效应的发生，进入藻类水华的阶段，此后外源 SRP 超过 0.031 mg/L 后，藻类的实际最大比增长率持平或者出现略微下降，因此外源 SRP 为 0.031 mg/L 即为实验点 1 水体的藻类水华的 SRP 阈值。而实验点 2 累积的外源 SRP 浓度超过 0.032 mg/L 之后，藻类的实际最大比增长率出现拐点，发生状态跃迁，表现为藻类系统的生态临界效应的发生，进入藻类水华的阶段，因此外源 SRP 为 0.032 mg/L 即为实验点 2 水体的蓝藻水华的 SRP 阈值。同样，在实验点 1，当累积的外源 DIN 浓度在 0～1.637 mg/L 左右时，藻类的实际最大比增长率会随着 DIN 的增加而显著上升，而累积的外源 DIN 浓度超过 1.637 mg/L 之后，藻类实际的最大比增长率随着 DIN 浓度的增加会出现保持小范围稳定甚至略微下降的趋势，即藻类的实际最大比增长率在外源 DIN 为 1.637 mg/L 左右时有拐点，出现了实际最大比增长率的状态跃迁，表现为藻类的生态临界效应的发生，进入藻类水华的阶段，因此外源 DIN 为 1.432 mg/L 即为实验点 1 藻类水华的 DIN 阈值。而实验点 2 的累积的外源 DIN 浓度超过 1.427 mg/L 之后，藻类的实际最大比增长率出现拐点，发生状态跃迁，表现为藻类的生态临界效应的发生，进入蓝藻水华的阶段，外源 DIN 为 1.427 mg/L 即为实验点 2 水体的藻类水华的 DIN 阈值。

因此，滇池北部湖湾的原始藻类利用水中的外源 SRP 和 DIN 的能力同样存在一定程度的阈值，并非 SRP 或 DIN 的外源含量越高，则藻类的生长速率会越快。当 SRP 或 DIN 的含量达到藻类所需的饱和浓度的时候，藻类的生长速率不会因为 SRP 或 DIN 含量的升高而发生很大的变化。总的来说，滇池北部湖湾实验点 1，当 SRP 浓度达到 0.031 mg/L，DIN 浓度达到 1.637 mg/L 时，为湖水中藻类的饱和浓度，而超过这一浓度后，藻类的生长速率处于非生态响应阶段。滇池北部湖湾实验点 1，当 SRP 浓度达到 0.032 mg/L，DIN 浓度达到 1.631 mg/L 时，为湖水中藻类的饱和浓度，而超过这一浓度后，藻类的生长速率处于非生态响应阶段。

在水体中，藻类可以通过改变碱性磷酸酶的活性，利用溶解性有机磷（DOP）水解后转化成 SRP 而被藻类吸收利用，使得维持藻类的生长和繁殖的营养盐需要。太湖湖泊中的碱性磷酸酶作用的 SRP 浓度阈值为 0.02 mg/L。目前对滇池水体中碱性磷酸酶作用的 SRP 浓度阈值研究较少。在本实验中，实验点 1 和 2SRP 浓度整体均大于 0.02 mg/L，超过了湖泊中的碱性磷酸酶作用的 SRP 浓度阈值，因此可以认为由于湖水中的碱性磷酸酶的活性太低，而未发生 DOP 的水解作用，根据实验点 1 和 2 的实际测量结果，在滇池北部湖湾，SRP 是藻类生物可利用的有效磷，且有效磷占总磷的 11% 左右；DIN 是藻类生物可利用的有效氮，且有效氮占总氮的 48 %左右。根据以上的关系和本研究实验期间实际测得水体中各形态氮磷的浓度关系可知，将总磷中溶解性反应磷所占比例计算总磷阈值[54]，总氮中可利用的氮所占比例计算总氮阈值，从而得到在实验点 1，藻类水华的 TP 的生态效应阈值为 0.301 mg/L；TN 的生态效应阈值为 3.273 mg/L；在实验点 2，藻类水华的 TP 的生态效应阈值为 0.298 mg/L；TN 的生态效应阈值为 3.262 mg/L。

2. 营养盐生态阈值的对比分析

比较实验点 1 和实验点 2 的 SRP 和 DIN 的阈值浓度，发现两个点的阈值无显著差异，整体一致。本研究的氮磷的阈值结果同样与美国环保署的湖泊的 TP 浓度（0.05 mg/L），SRP 浓度（0.025 mg/L）上限值存在差异。这再一次证明了不能简单把国外的营养盐标准与国内的湖泊情况作为参考，而要结合我国地表水水质质量标准的湖泊营养盐标准进行特定的分析。

本实验室是采用营养盐富集生物法进行的营养盐生态阈值研究，我国学者吴雅丽在太湖梅梁湾春季时对原湖水中藻类（以隐藻和硅藻为主）进行了营养盐富集实验，得到春季太湖以隐藻和硅藻为主藻类的生长总磷阈值为 0.059 mg/L。该研究结果与本实验的磷阈值的研究结果存在差异，这是因为一是研究的藻种不同，二是滇池和太湖的真实自然条件环境存在差异。由于本实验是基于滇池北部湖湾的真实水体条件下进行的营养盐生态氮磷的阈值研究，且国内学者将营养盐富集生物法应用与滇池湖泊水的研究相对很少，因此本实验对滇池北部湖湾水体的蓝藻水华的发生营养盐阈值生态学研究具有重要的借鉴作用。

5.4 营养盐削减生物法阈值研究

5.4.1 实验设计

1. 实验思路

营养盐削减生物法适合营养盐浓度很高的富营养化水体中，由于原湖水中的营养盐浓度已经远大于湖水中藻类生长的实际需求量，导致继续添加营养盐无法刺激湖水中藻类生长，因此采用逆向思维，削减原湖泊水体中某种或某几种营养盐含量[201-203]。

2. 实验设计优化

本研究于 2015 年 6 月下旬，对滇池西北部湖湾的实验点 3 和 4，进行原位现场营养盐削减生物法实验。采集湖泊表层水体及其原始藻类生物群的水样。

实验的藻类培养周期、实验装置和数据处理方法同本章 5.3。根据滇池的历史资料和实测的水质指标[204]，配置滇池水质的主要离子溶液（MIS）浓度，如表 5-8 所示。MIS 溶液是在营养盐削减生物法中与原湖水进行混合，用于稀释原湖水中的营养盐浓度，以达到削减的目的。未添加营养盐的实验组作为对照组（Control）。每组处理组均有三个平行样。实验时间为 10 天左右。具体的实验设计如表 5-9 所示。实验每天上午 9 点取水样后立即到滇池北部的岸边的实验基地进行各水质指标的分析。

表 5-8 滇池的主要离子溶液（MIS）浓度

mg/L

化学离子	最终浓度（以元素计）
Ca^{2+}	28.92
Mg^{2+}	19.96
Na^{+}	20.0
K^{+}	5.50
Cl^{-}	25.81
SO_4^{2-}	32.00

表 5-9 滇池西北部湖湾夏季湖泊营养盐削减生物法实验设计

编号	混合水样	添加	目的
1	10 L 原湖水	无	对照
2	9 L 原湖水+1 L MIS	无	对照
3	7 L 原湖水+3 L MIS	无	对照
4	5 L 原湖水+5 L MIS	无	对照
5	3 L 原湖水+7 L MIS	无	对照
6	10 L 原湖水	磷（0.002 mg P　L^{-1} d^{-1}）	削减氮

（续表）

编号	混合水样	添加	目的
7	9 L 原湖水+1 L MIS	磷（0.002 mg P　L^{-1} d^{-1}）	削减氮
8	7 L 原湖水+3 L MIS	磷（0.002 mg P　L^{-1} d^{-1}）	削减氮
9	5 L 原湖水+5 L MIS	磷（0.002 mg P　L^{-1} d^{-1}）	削减氮
10	3 L 原湖水+7 L MIS	磷（0.002 mg P　L^{-1} d^{-1}）	削减氮
11	10 L 原湖水	硝氮（0.02 mg N　L^{-1} d^{-1}）	削减磷，对比氨氮
12	9 L 原湖水+1 L MIS	硝氮（0.02 mg N　L^{-1} d^{-1}）	削减磷，对比氨氮
13	7 L 原湖水+3 L MIS	硝氮（0.02 mg N　L^{-1} d^{-1}）	削减磷，对比氨氮
14	5 L 原湖水+5 L MIS	硝氮（0.02 mg N　L^{-1} d^{-1}）	削减磷，对比氨氮
15	3 L 原湖水+7 L MIS	硝氮（0.02 mg N　L^{-1} d^{-1}）	削减磷，对比氨氮
16	10 L 原湖水	氨氮（0.02 mg N　L^{-1} d^{-1}）	削减磷，对比硝氮
17	9 L 原湖水+1 L MIS	氨氮（0.02 mg N　L^{-1} d^{-1}）	削减磷，对比硝氮
18	7 L 原湖水+3 L MIS	氨氮（0.02 mg N　L^{-1} d^{-1}）	削减磷，对比硝氮
19	5 L 原湖水+5 L MIS	氨氮（0.02 mg N　L^{-1} d^{-1}）	削减磷，对比硝氮
20	3 L 原湖水+7 L MIS	氨氮（0.02 mg N　L^{-1} d^{-1}）	削减磷，对比硝氮
21	10 L 原湖水	磷和硝氮（同上）	共同作用，对比氨氮
22	9 L 原湖水+1 L MIS	磷和硝氮（同上）	共同作用，对比氨氮
23	7 L 原湖水+3 L MIS	磷和硝氮（同上）	共同作用，对比氨氮
24	5 L 原湖水+5 L MIS	磷和硝氮（同上）	共同作用，对比氨氮
25	3 L 原湖水+7 L MIS	磷和硝氮（同上）	共同作用，对比氨氮
26	10 L 原湖水	磷和氨氮（同上）	共同作用，对比硝氮
27	9 L 原湖水+1 L MIS	磷和氨氮（同上）	共同作用，对比硝氮
28	7 L 原湖水+3 L MIS	磷和氨氮（同上）	共同作用，对比硝氮
29	5 L 原湖水+5 L MIS	磷和氨氮（同上）	共同作用，对比硝氮
30	3 L 原湖水+7 L MIS	磷和氨氮（同上）	共同作用，对比硝氮

5.4.2 蓝藻水华的生态响应

1. 营养盐削减生物法中蓝藻水华的生态响应

通过图 5-5 滇池西北部湖湾实验点（3、4）夏季营养盐削减生物法实验中藻类增长响应可以看出，在实验点 3，削减 P 对藻类生长有明显的抑制作用，削减 P 藻类生物量明显产生响应；实验点 4 中，同样表现为磷的作用大于氮。另外，削减氨氮对蓝藻生长的抑制作用明显比削减硝氮更强。两个实验点中起对照作用的原湖水间 Chl-a 浓度无显著性差异。因此，此次削减实验的结果与 2015 年 6 月滇池西北部湖湾营养盐富集生物法的实验的结果相符，均为磷、氮限制，但是磷限制比氮强，其中氮限制的主要形态是氨氮。

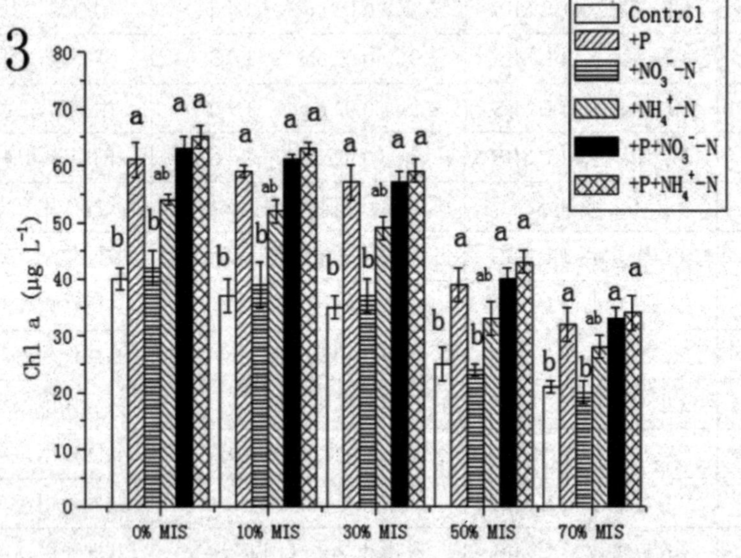

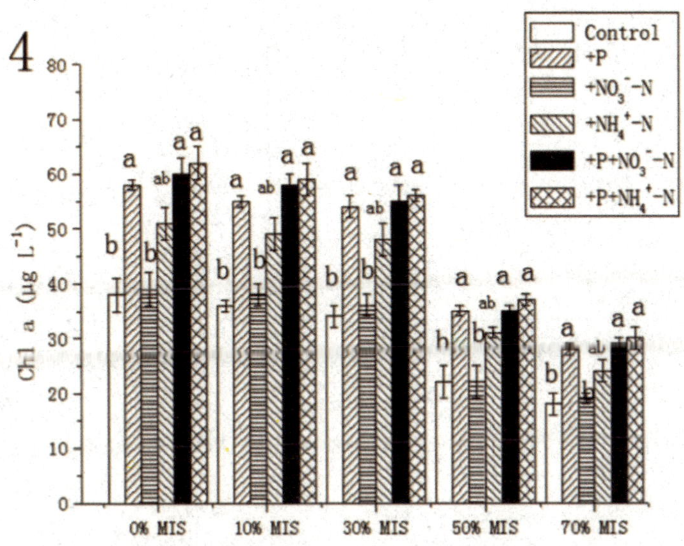

图 5-5　滇池西北部湖湾实验点（3、4）夏季 NDB 实验中藻类增长响应

注：横坐标为培养容器中营养盐削减方案，MIS 为主要离子浓度溶液

2. 原始藻类生物群落变化

在滇池北部湖湾夏季（6 月份）的两个实验点的实验中，实验初期铜绿微囊藻为水中的优势种群，占浮游植物总生物量的 99%左右；而在整个实验阶段，铜绿微囊藻始终保持种群优势，平均占浮游植物总生物量的 98%左右。

5.4.3 氮磷营养盐生态削减值

将每个实验组的总氮和总磷浓度累加相加后，与对应的蓝藻水华过程中的最大 Chl-a 浓度做关系曲线，得到营养盐与实际最大生物量的剂量-效应关系，如图 5-6 所示。使用 1stOPt 数值分析软件，对不同条件的实验的实际最大生物量进行拟合分析。然后采用反解算法，根据曲线方程，求其接近其中的最大值并距离 95%处对应的拐点值，得出对应的总氮和总磷的有效削减点对应的浓度，见表 5-10。

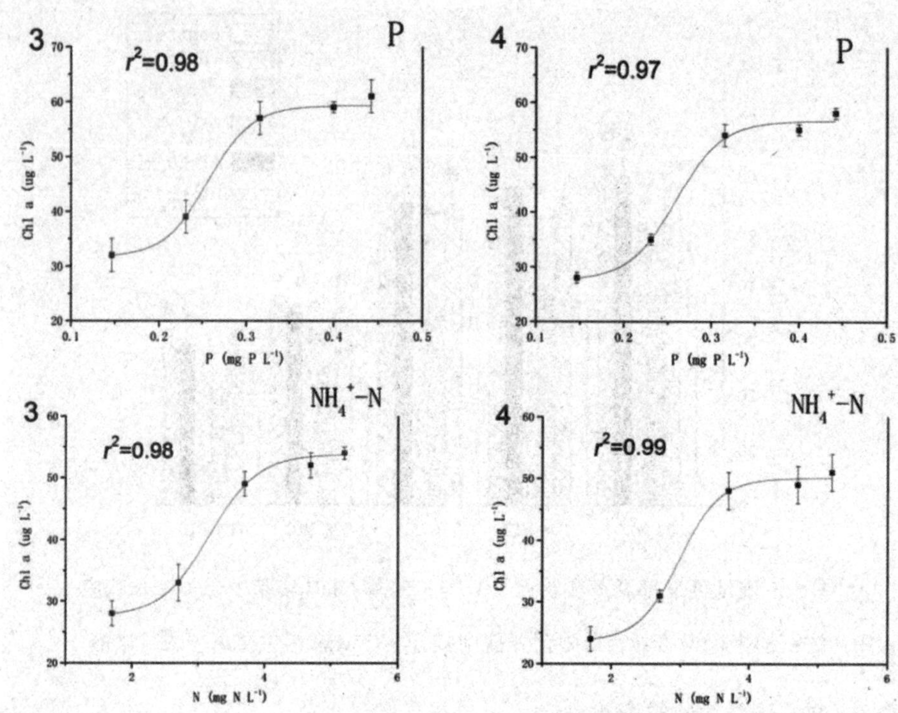

（3 为实验点 3；4 为实验点 4）

图 5-6 实验各组 Chl-a 最大生物量的曲线拟合

表 5-10 滇池西北部湖湾夏季蓝藻水华发生营养盐削减点阈值

实验点	添加方式	削减点值 mg/L	说明	误差范围
实验点 1	磷	P：0.325	磷限制	<5%
	硝氮	N：/	硝氮不限制	/
	氨氮	N：3.78	氨氮限制	<5%
实验点 2	磷	P：0.319	磷限制	<5%
	硝氮	N：/	硝氮不限制	/
	氨氮	N：3.66	氨氮限制	<5%

1. 滇池北部湖湾的营养盐削减点阈值结果分析

通过图 5-6 营养盐对原始藻类群落的实际最大 Chl-a 的影响和表 5-16 可以知道，在实验点 1 中，当水体累积的 TP 浓度在 0～0.325 mg/L 左右时，藻类的实际最大生物量会随着 TP 的下降而显著下降，即藻类的实际最大生物量在 TP 为 0.325 mg/L 左右时有拐点，即为实验点 1 水体的藻类水华的 TP 削减点值。而在实验点 2 中，当水体累积的 TP 浓度在 0～0.319 mg/L 左右时，藻类的实际最大生物量会随着 TP 的下降而显著下降，即藻类的实际最大生物量在 TP 为 0.319 mg/L 左右时有拐点，即为实验点 2 水体的藻类水华的 TP 削减点值。同样，在实验点 1 中，当水体累积的 TN 浓度在 0～3.78 mg/L 左右时，藻类的实际最大生物量会随着 TN 的下降而显著下降，即藻类的实际最大生物量在 TN 为 3.78 mg/L 左右时有拐点，即为实验点 1 水体的藻类水华的 TN 削减点值；在实验点 2 中，当水体累积的 TN 浓度在 0～3.66 mg/L 左右时，藻类的实际最大生物量会随着 TN 的下降而显著下降，即藻类的实际最大生物量在 TP 为 3.66 mg/L 左右时有拐点，即为实验点 2 水体的藻类水华的 TN 削减点值。

因此，滇池北部湖湾的原始藻类利用水中的外源 TP 和 TN 的能力同样存在一定程度的拐点，并非 TP 或 TN 的外源含量越高，则藻类的生物量会越大。总得来说，滇池北部湖湾实验点 1，当 TP 浓度达到 0.325 mg/L，TN 浓度达到 3.78 mg/L 时，为湖水中藻类的有效削减点，而超过这一浓度后，藻类的最大生物量处于非生态响应阶段。滇池北部湖湾实验点 2，当 TP 浓度达到 0.319mg/L，TN 浓度达到 3.66 mg/L 时，为湖水中藻类的有效削减点，而超过这一浓度后，藻类的最大生物量处于非生态响应阶段。

2. 营养盐削减点值的对比分析

比较实验点 3 和实验点 4 的 TP 和 TN 的削减点值，发现结果无显著差异，整体一致。根据结果，可以看出由于磷对滇池西北部湖湾的蓝藻水华有显著的削减作用，磷和氨氮的添加方式比磷和硝氮的添加方式削减更加显著。而对于氮的形态而言，氨氮比硝氮对滇池西北部湖湾夏季的蓝藻水华削减更加显著，这可能与蓝藻更容易吸收氨氮有关。此次削减实验的结果与2015年6月滇池西北部湖湾营养盐富集实验的结果相符，均为磷、氮限制，但是磷限制比氮强，另外氮限制的主要形态是氨氮。

将营养盐削减生物法的氮磷营养盐削减点值与营养盐富集生物法的氮磷营养盐阈值相比较，发现实验点3和4 的TP和TN的削减值均比实验点1和2的TP和TN的阈值要高。这是营养盐阈值与营养盐削减值的差异不同有关。营养盐阈值是指藻类水华发生的营养盐生态临界效应值，与藻类的最大供给速率有关。而营养盐削减值与藻类水华发生的规模有关，即与藻类的最大生物量有关，其数值不仅与藻类本身的生物量相关，也与水体的环境有关，比如特定区域内营养盐的负荷等。杨顶田[74]对太湖的微囊藻实验发现，其生长最适宜的TN、TP浓度上限，只有TN浓度在1～4 mg/L，TP浓度在0.1～0.3 mg/L之间时藻类的密度最大为3×10^9 个/L，超过或低于这个浓度范围则微囊藻几乎很难发生水华。这一结果与本实验的TP和TN的削减点值近似，其差异主要与不同的水域的水体条件和湖泊环境条件有关。由于目前国内学者相对较少将营养盐削减生物法应用于我国湖泊水，特别是蓝藻水华最具代表性的滇池水域，因此本实验对对滇池北部湖湾水体的蓝藻水华的发生营养盐阈值生态学研究具有重要的借鉴作用。

5.5 本章小结

（1）我国滇池是富营养化严重的湖泊，滇池西北部湖湾是蓝藻水华的重灾区，湖湾的营养盐浓度比全湖平均值高很多。本研究通过在局部湖湾这一重要区域设计和优化了湖泊现场营养盐富集生物法和营养盐削减生物法，对在富营养化湖泊中营养盐浓度极高的区域（如岸边），采用营养盐削减生物法；在富营养化湖泊中营养盐浓度偏低的区域（如靠近湖中），采用营养盐富集法。

（2）在营养盐富集法实验中，滇池北部湖湾，夏季的湖泊水体中，实验中磷的添加会对原始藻类生物群落产生显著影响，并且促进作用随磷浓度的增加而不断增加。实验中氨氮的添加比较显著促进原始藻类生物群落的生长；实验中硝氮的添加促进作用不明显。实验中磷和硝氮共同添加、磷和氨氮共同添加，均可显著促进原始藻类生物群落的生长。硝氮对夏季湖泊水体中的藻类的刺激不明显，这可能与铜绿微囊藻对氨氮的吸收要强于硝氮有关。

滇池西北部湖湾的蓝藻水华的 SRP 阈值在 0.031～0.032 mg/L 之间，DIN 阈值在 1.631～1.637 mg/L 之间，相邻两个实验点的阈值无显著差异，且磷对滇池西北部湖湾的蓝藻水华有显著的刺激作用，磷和氨氮的添加方式比磷和硝氮的添加方式刺激更加显著。

（3）在营养盐削减生物法实验中，本削减实验的结果与 2015 年 6 月滇池西北部湖湾营养盐富集生物法的实验的结果相符，均为磷、氮限制，但是磷限制比氮强，其中氮限制的主要形态是氨氮。

在营养盐削减实验中，得到滇池西北部湖湾的蓝藻水华的 TP 削减值在 0.319～0.325 mg/L 之间，TN 削减值在 3.66～3.78 mg/L 之间，相邻两个实验点的削减值无显著差异，且磷对滇池西北部湖湾的蓝藻水华有显著的削减作用，磷和氨氮的添加方式比磷和硝氮的添加方式削减更加显著，这可能与蓝藻更容易吸收氨氮，更容易支持蓝藻水华的发生。

第 6 章　结论与展望

6.1 研究的结论

目前国内外学者普遍认为营养盐过量释放与蓝藻水华的发生直接相关，Scheffer 等（2001）[81]在《Nature》杂志上进一步研究表明，在湖泊富营养化生态过程中存在明显的临界生态特征，当水体生态系统演化达到某方面的临界值后，生态系统会突然出现状态跃迁。这个关键的临界值就是阈值，即触发某种生态效应所需要的最低值，其对预测和控制水体富营养化和蓝藻水华具有重要的现实意义。

本书基于阈值的内在生态学含义，探讨了阈值与标准值的区别。即标准值的建立需要参考状态，即将某水体的本底值进行参考比较，而阈值是着重在某限制因素对水体中藻类生长产生的临界生态效应的转变。本书同时提出了蓝藻水华的营养盐的生态阈值定义，即在湖泊富营养化过程中，某些限制性营养盐超过某一临界值之后，湖泊中的蓝藻的供给速率发生状态跃迁，而这一生态临界效应的数值即为蓝藻水华的营养盐生态阈值。藻类生长通常存在营养盐的浓度阈值，低于该阈值，其生长受到营养盐的限制，生长速率随营养盐浓度的增加而增加；高于该阈值，该营养盐因素达到生态饱和，而其他因素成为新的限制因素。

本书通过对国内外文献的研究发现，国内外学者对湖泊中营养盐阈值通过不同方法进行研究，其阈值结论大小不一，甚至差异极大。因为氮磷营养盐的阈值与特定的研究区域、研究的时期、研究的藻种和研究的计算方法都息息相关。通过对比国内外湖泊的营养盐阈值，可以看出我国湖泊从整体上来说藻类水华的氮磷阈值均比国外的数值要偏高，这与水体环境条件有很大关系，因此我国的营养盐阈值不能简单套用发达国家的结果。

根据营养盐生态阈值的内在定义，本研究从生态学角度，通过不同层面的营养盐氮磷微量输入与湖泊蓝藻水华响应关系入手，设计了基于我国湖泊蓝藻水华的主要藻种——铜绿微囊藻代谢动力学的内氮内磷阈值实验，模拟湖泊水体、湖泊水体+沉积物两种不同水体系统中的蓝藻水华的室内外静态实验，和在不同水体流速下蓝藻水华的实验室动态实验，同时针对我国最具代表性的、富营养化严重的滇池西北部湖湾，设计并优化了现场的营养盐富集生物法和营养盐削减生物法，以探究该水域的蓝藻水华发生的氮磷生态阈值。

通常来说，藻类生物量大小、生命活动的变化、对外界 N、P 营养盐的吸收程度等必然与其自身的生态特性和细胞内部的 N、P 含量存在某种必然的联系。本研究通过铜绿微囊藻代谢动力学的实验，设计了在固定氮条件下，对三组不同外源磷浓度的水体中铜绿微囊藻藻细胞内磷浓度变化进行分析，和在固定磷条件下，对三组不同外源氮浓度的水体中藻细胞内氮浓度变化进行分析，发现铜绿微囊藻的生长初期，细胞内磷含量会迅速增大，表明铜绿微囊藻细胞对水体中磷酸盐开始富集，细胞内份额磷迅速增大；当藻细胞内份额磷在 0.013~0.02 μg/10^6 cell 的范围内，可能表现为蓝藻水华的发生，在整个实验周期内，在 Chl-a 不断增加的时期内，铜绿微囊藻藻细胞内总磷浓度保持稳定趋势，因此实验中最低细胞内份额磷的大小限制了蓝藻水华发生的规模。受到外界 P 浓度限制的条件下，通过 Droop 方程，发现当铜绿微囊藻细胞内磷浓度低于限制性细胞内磷大约 0.026 mg/L，藻细胞的增殖就将停止，而发生藻类水华的概率会大大减小。同样，当藻细胞内份额氮在 0.014～0.022 μg/10^6cell 的范围内，可能表现为蓝藻水华的发生，并且在 Chl-a 不断增加的时期内，铜绿微囊藻藻细胞内总氮浓度保持稳定趋势，因此实验中最低细胞内份额氮的大小限制了蓝藻水华发生的规模。在受到外界 N 浓度限制的条件下，铜绿微囊藻细胞内氮浓度低于限制性细胞内氮大约 0.231 mg/L，藻细胞的增殖就将停止，而发生藻类水华的几率会大大减小。通过铜绿微囊藻的代谢动力学实验，发现铜绿微囊藻细胞内磷（氮）浓度是细胞自身生命活动和分裂繁殖的直接条件，而水体中的磷酸盐（氮营养盐）浓度只是提供了一个外环境。

在一个能量和物质动态守恒的水环境生态系统中，N、P 浓度的上升是导致藻类等浮游植物快速生长和增殖的关键原因。因此蓝藻水华的形成、维持与衰退必然与 N、P 营养盐的特性、形态、浓度等因素会呈现出复杂的自组织临界性关系。因此，本书设计三种不同层面的水体环境条件来模拟蓝藻水华的营养盐阈值实验。在实验室内静态阈值实验中，发现在一定范围内，各组 Chl-a 的浓度最大值随着 P 和 N 浓度的升高而增大；在本实验组沉积物中，间隙水与湖水之间的 TDP、TNP 存在着一个由间隙水向湖水扩散的浓度梯度。可以推测实验组沉积物中磷在间隙水中以可溶态磷酸盐向上覆水体释放，而氮在间隙水主要以可溶态氮的形式向水体扩散。通过实验，得到湖泊水实验组中蓝藻水华的 SRP 阈值为 0.119 mg/L，DIN 阈值为 0.993 mg/L；湖泊水+沉积物实验组的中蓝藻水华的 SRP 阈值为 0.099 mg/L，DIN 阈值为 0.881 mg/L；由于实验组沉积物中间隙水向湖水扩散的 TDP 和 TNP 增加了上覆水体的 SRP 和 DIN 浓度，并与蓝藻水华的发生起到相互促进的作用，因此沉积物实验组的营养盐生态阈值比湖水组的阈值更低。在实验室外静态阈值实验中，同样出现了一定范围内，各组 Chl-a 的最大值随着 P 和 N 浓度的升高而增大的情况，且湖泊水+沉积物的 Chl-a 的最大值均比湖泊水高，这与沉积物的内源 N 和 P 的释放有关；本实验的间隙水释放 TDP、TNP 的浓度整体比实验室内静态实验的浓度高，这与室外温度的增加，使得沉积物表层微生物的活性增强，促进分解更多有机物变成营养盐，释放到上覆水体有关。本实验湖泊水实验组中上下两个水层，蓝藻水华发生的 SRP 阈值为 0.151～0.156 mg/L，DIN 阈值为 1.427～1.432 mg/L，湖泊水+沉积物实验组的中蓝藻水华发生的 SRP 阈值为 0.084～0.096 mg/L，DIN 阈值为 0.862～0.971 mg/L；不同实验组的水体的氮磷阈值出现上层水体比下层水体偏高的情况，这可能因为蓝藻的自身的胞空结构，在生长过程中会大量集聚在上层水体表面，需要更高的营养盐浓度，另一方面，沉积物中间隙水的 TDP 和 TDN 直接释放到与之相接触的下层水体，导致下层水体的营养盐浓度更高。在实验室内动态阈值实验中，也出现了各组 Chl-a 的最大值随着 P 和 N 浓度的升高而增大。在本实验的 N 浓度添加范围内，各组 Chl-a 的最大值随着 N 浓度的升高而增大，本实验的间隙水释放 TDP、TNP 的浓度整体比实验室内静态实验的浓度高，这可能是因为本实验的不同的水流，会使沉积物发生悬浮效应，促进了间隙水的氮磷释放。湖泊水实验组中不同流速下蓝藻水华发生的 SRP 阈值为 0.113～0.115 mg/L，DIN 阈值为 1.049～1.092 mg/L，湖泊水+沉积物实验组的不同流速下蓝藻水华发生的 SRP 阈值为 0.076～0.082 mg/L，DIN 阈值为 0.863～0.922 mg/L；不同低流速下，对蓝藻水华的营养盐阈值的整体影响不大，存在小范围随流速上升而阈值上升的趋势，这可能与流速的增加使水体的营养盐交换加速，支持蓝藻水华的营养盐浓度更高。沉积物实验组的营养盐生态阈值比湖水组的阈值更低，这与沉积物中间隙水中溶解态的营养盐释放有关。另外，三个实验中，通过生态弹性模型都可以分析得到湖泊水+沉积物的水体的蓝藻水华的营养盐生态阈值比湖泊水体系统更低，这主要是因为在湖泊水+沉积物的生态系统中，随着外源输入的氮磷浓度的增加，沉积物中的氮磷浓度随之增加，生态系统能够承受外界氮磷输入的生态弹性下降，而作为推动生态系统发生状态跃迁（蓝藻水华的发生）所对应的湖水的外界的氮磷输入所需要的浓度就越来越少，所以只需要更少的氮磷输入，就能推动蓝藻水华的发生，因此在湖泊水+沉积物的生态系统中比单纯的湖泊水的系统的外源输入氮磷的生态阈值要低。

我国滇池是富营养化严重的湖泊，滇池西北部湖湾是蓝藻水华的重灾区，湖湾的营养盐浓度比全湖平均值高很多。本研究通过在局部湖湾这一重要区域设计和优化了湖泊现场营养盐富集生物法和营养盐削减生物法，发现滇池北部湖湾，夏季的湖泊水体中，实验中磷的添加会对原始藻类生物群落产生显著影响，并且促进作用随磷浓度的增加而不断增加。实验中氨氮的添加比较显著促进原始藻类生物群落的生长，实验中硝氮的添加促进作用不明显。实验中磷和硝氮共同添加、磷和氨氮共同添加，均可显著促进原始藻类生物群落的生长。硝氮对夏季湖泊水体中的藻类的刺激不明显，这可能与铜绿微囊藻对氨氮的吸收要强于硝氮有关。本书通过营养盐富集生物法，得到滇池西北部湖湾的蓝藻水华的 SRP 阈值在 0.031～0.032 mg/L 之间，DIN 阈值在 1.631～1.637 mg/L 之间。而本研究通过营养盐削减生物法发现削减实验的结果与 2015 年 6 月滇池西北部湖湾营养盐富集生物法的实验的结果相符，均为磷、氮限制，但是磷限制比氮强，其中氮限制的主要形态是氨氮。在营养盐削减实验中，得到滇池西北部湖湾的蓝藻水华的 TP 削减值在 0.319～0.325 mg/L 之间，TN 削减值在 3.66～

3.78 mg/L 之间，相邻两个实验点的削减值无显著差异，且磷对滇池西北部湖湾的蓝藻水华有显著的削减作用，磷和氨氮的添加方式比磷和硝氮的添加方式削减更加显著。

将本实验室的研究结果与其他学者的研究结果进行对比，发现存在相同的结果，也有存在差异的结论。这主要是因为蓝藻水华的发生不仅和营养盐有关，还与特定的研究区域、温度、光照、水动力条件等因素，以及藻种的自身特性有关。因此不同藻种、不同特定区域的环境条件的差异，会导致营养盐阈值的结果不同。但本研究从不同层面出发，对湖泊水体、湖泊水体和沉积物中的蓝藻水华进行了系统的研究，同时对蓝藻水华严重的滇池北部湖湾进行了优化改进的营养盐富集生物法和营养盐削减生物法，对我国蓝藻水华的营养盐生态阈值研究提供了基础数据和起到了借鉴作用。

6.2 研究的创新点

（1）目前，国内外学者对于蓝藻水华发生的判断标准始终争论很大。本书根据湖泊的富营养化生态过程中存在明显的临界生态特征，提出了蓝藻水华的营养盐生态阈值，即当营养盐达到阈值之后，蓝藻系统会出现状态跃迁，产生临界的生态响应。营养盐生态阈值为探明蓝藻水华发生机理机制的提供了理论基础。

(2)目前国内外学者通过生态学方法对藻华发生的水体营养盐阈值结论不一，差距极大，这主要与实验方法和研究层面有很大关系。目前国内外基于生态学方法的营养盐阈值的研究多是在单一的封闭水体中展开的，并没有考虑湖泊生态系统中底泥沉积物可能对藻华的营养盐阈值产生的作用和影响。本书针对蓝藻水华这一特定藻类发生现象，从湖泊水体、湖泊水体和沉积物两种水体系统展开研究，分析了水体中不同水层以及不同水体流速可能对蓝藻水华的营养盐阈值产生的影响。另外，从生态弹性模型解释了沉积物会导致蓝藻水华的营养盐生态阈值偏低的原因。

(3)目前欧美等发达国家已经开始广泛应用的营养盐富集生物法和在近些年国外不断发展的认可度更高的营养盐削减生物法，在我国湖泊上的应用相对较少。作为我国湖泊富营养化最严重和最具代表性之一的滇池西北部湖湾，近些年其蓝藻水华几乎年年发生，严重影响了湖泊的生态系统和周围居民的饮用水的安全健康。因此，本书正是应用并改进了营养盐富集生物法和营养盐削减生物法来探究滇池的蓝藻水华的营养盐阈值问题，并根据我国湖泊的特殊国情进行了生态学方法的优化。以求能够为我国滇池日益严重的蓝藻水华问题寻找突破口，为我国湖泊蓝藻水华的发生机理机制和控制提供依据，并对同类湖泊的蓝藻水华研究起到借鉴作用，以便能够及时采取更加科学合理的措施来控制蓝藻水华，降低其产生的生态和社会经济效益的损失。

6.3 研究的展望

湖泊的富营养化问题在我国日益严重，其产生的藻类水华现象，特别是蓝藻水华严重地破坏了湖泊的生态系统，并对周围居民的饮用水安全和生命健康产生巨大威胁。我国的三大湖泊太湖、巢湖、滇池近些年来，蓝藻水华问题一直没有得到遏制。国内外学者为此展开了大量的研究，希望能够探明蓝藻水华发生的机理机制。随着对蓝藻水华问题越来越多的了解，近些年来与蓝藻水华直接相关的营养盐的过量释放成为研究的热点。本研究正是基于营养盐的阈值问题，来探明蓝藻水华的发生的机理机制。本书已经从不同层面的水体系统，对蓝藻水华的生态学阈值展开了研究，但还需进一步进行系统的完善：

（1）沉积物作为湖泊生态系统中营养盐重要的源和汇，对蓝藻水华的营养盐阈值有重要的作用。因此，在蓝藻水华过程中，沉积物中溶解态的氮磷的释放负荷是否与蓝藻水华的营养盐阈值存在相关性，是否存在某种定量的平衡浓度。

(2)营养盐富集生物法和营养盐削减生物法能较好地反映真实湖泊水体的营养盐对藻类的生长影响。但其方法一方面受限于封闭的水体环境，另一方面没有考虑湖泊生态系统中的沉积物的作用，因此营养盐富集生物法和削减法有待进一步优化。

（3）实际的湖泊水体中，原始藻类的生物群落十分复杂，目前国内外文献发现生态系统存在生态弹性，因此可否从生态弹性的思维出发，探究湖泊水体系统中两种藻类，甚至多种藻类竞争条件下的营养盐阈值问题，并建立相应的阈值模型。

参考文献

[1] 陈小锋, 揣小明, 杨柳燕. 中国典型湖区湖泊富营养化现状、历史演变趋势及成因分析[J]. 生态与农村环境学报, 2014, 30(4):438-443.

[2] 吴国平，郑丰，涂建峰.湖泊富营养化危害机理研究[J].水利水电快报，2007，28(12)：4-5.

[3] 姜文来.中国湖泊资源危机[J].科技潮，2008(9)：26-28.

[4] 2014 年中国环境状况公报[R].北京：国家环境保护局，2015.

[5] 孟红明,张振克.我国主要水库富营养化现状评价[J]. 河南师范大学学报(自然科学版),2007,35(2):133-137.

[6] 史晓新, 禹雪中, 马巍. 湖泊纳污能力动态特征分析及计算[J]. 中国水利水电科学研究院学报, 2008, 6(2):105-110.

[7] 金相灿.湖泊富营养化控制和管理技术[M].北京：化学工业出版社，2001.

[8] 倪兆奎, 王圣瑞, 金相灿, 等. 云贵高原典型湖泊富营养化演变过程及特征研究[J]. 环境科学学报, 2011, 31(12):2681-2689.

[9] 成小英, 李世杰. 长江中下游典型湖泊富营养化演变过程及其特征分析[J]. 科学通报, 2006, 51(7):848-855.

[10] 毛劲乔, 陈永灿, 刘昭伟, 等. 基于地理分区的湖泊水库富营养化判别标准[J].人民黄河, 2006, 28(10):43-45.

[11] 刘润堂，许建中．农业面源污染对湖泊水质影响的初步分析[J]．中国水利，2002(6): 54-56.

[12] 丰茂武,吴云海.国内外湖泊富营养化的防治对策与展望[J].广州环境科学，2006,21(4):8-11.

[13] 霍守亮,席北斗,姚波,等.中国湖泊富营养化防治策略研究[J].环境保护，2009(4):16-18

[14] 程波,张泽,陈凌,等.太湖水体富营养化与流域农业面源污染的控制[J].农业环境科学学报, 2005(24): 118-124.

[15] Jorgensen. Application of ecology in environmental management [M]. Boca Raton FL: CRC Press. 1983.

[16] 周云龙,于明.水华的发生、危害和防治[J].生物学通报, 2004,39(6): 11-14.

[17] Heisler J, Glibert P M, Burkholder J A M, et al. Eutrophication and harmful algal blooms：a scientific consensus[J]. Harmful algae, 2008, 8(1):3-13.

[18] 孔繁翔，宋立．蓝藻演变和水华形成过程及环境特征研究[M]．北京：科学出版社, 2011.

[19] Conley D J, Paerl H W, Howarth R W, et al. Controlling eutrophication：nitrogen and phosphorus[J]. Science, 2009, 323(5917):1014-1015.

[20] Smith V, Tilman, G D. Nekola J C. Eutrophication: impacts of excess nutrient inputs on freshwater, marine, and terrestrial ecosystems[J]. Environmental Pollution, 1999(100):179-196.

[21] Nixon S W. Coastal marine eutrophication: a Definition, social causes, and future concerns [J]. Ophelia, 1995(41):199-219.

[22] Smith V, Tilman G D, Nekola J C. Eutrophication: impacts of excess nutrient

inputs on freshwater, marine, and terrestrial ecosystems[J]. Environmental Pollution, 1999(100):179-196.

[23] Schindler D W. Evolution of phosphorus limitation in lakes [J]. Science, 1977, 195(4275):260-262.

[24] 唐汇娟. 武汉东湖浮游植物生态学研究[D]. 武汉: 中国科学院水生物研究所, 2002:150.

[25] Carpenter S R, Ludwig D. Brock, W A. Management of eutrophicaion for lakes subject to potentially irreversible change[J]. Ecological Applicaions, 1999(9): 751-771.

[26] Ernst B, Hitzfeld B, Dietrich D. Presence of Planktothrix sp. and cyanobacterial toxins in Lake Ammersee, Germany and their impact on whitefish (Coregonus lavaretus L.)[J]. Environmental Toxicology, 2001, 16(6):483-488.

[27] Zhang J B，Zheng Z，Yang G J，et al. Degradation of microcystin by gamma irradiation[J]. Nuclear Instruments and Methods in Physics Research A, 2007(580): 687-689.

[28] 张建设, 韩春. 太湖蓝藻对生态环境的影响及其生态学治理[J]. 未来与发展, 2009(30): 41-45.

[29] 吴庆龙, 谢平, 杨柳燕, 等. 湖泊蓝藻水华生态灾害形成机理及防治的基础研究[J]. 地球科学进展, 2008, 23(11):1115-1123.

[30] 李大命, 孔繁翔, 叶琳琳, 等. 太湖夏季蓝藻水华期间产毒蓝藻基因型组成和种群丰度研究[J]. 农业环境科学学报, 2011, 30(6):1135-1143.

[31] Duarte C M. Submerged aquatic vegetation in relation to different nutrient regimes [J]. Ophelia, 1995(41): 87-112.

[32] 陈明曦. 蓝藻水华生消机制室内模拟实验研究[D]. 宜昌: 三峡大学, 2007.

[33] 张晓峰, 孔繁翔, 曹焕生, 等. 太湖梅梁湾水华蓝藻复苏过程的研究[J]. 应用生态学报, 2005, 16(7): 1346-1350.

[34] 孔繁翔, 高光. 大型浅水富营养化湖泊中蓝藻水华形成机理的思考[J]. 生态学报, 2005(25): 589-595.

[35] 许海, 秦伯强, 朱广伟. 太湖不同湖区夏季蓝藻生长的营养盐限制研究[J]. 中国环境科学, 2012 (12): 2230-2236.

[36] North R L, Guildford S J,Smith R E H, et al. Evidence for phosphorus, nitrogen, and iron colimitation of phytoplankton communities in Lake Erie [J]. Limnology and Oceanography, 2007, 52(1): 315-328.

[37] Abell J M, Ozkundakci D, and Hamilton D P. Nitrogen and Phosphorus Limitation of Phytoplankton Growth in New Zealand Lakes: Implications for Eutrophication Control [J]. Ecosystems, 2010, 13(7): 966-977.

[38] Schindle D W. Eutrophication and recovery in experimental lakes. Implications for lake Management [J]. Science, 1974, 184(4139): 897-899.

[39] Havens K E, Kukushima T,Xie P, et al. Nutrient dynamics and the eutrophication of Shallow lakes Kasumigaura (Japan), Donghu (PRFChina), and Okeechobee (USA) [J]. Environmental Pollution, 2001,111(2): 263-272.

[40] Xie L Q, Xie P, Tang H J. Enhancement of dissolved phosphorus release from sediment to lake water by Microcystis blooms—an enclosure experiment in a hyper-eutrophic, subtropical Chinese lake [J]. Environmental Pollution, 2003, 122(3): 391-399.

[41] Bronk D A, Roberts Q N, Sanderson M P, et al. Effluent Organic Nitrogen

(EON); Bioavailability and Photochemical and Salinity-Mediated Release [J]. Environmental Science & Technology, 2010, 44(15): 5830-5835.

[42] Bronk D F A, See J H, Bradley P, et al. DON as a source of bioavailable nitrogen for Phytoplankton [J]. Biogeosciences, 2007, 4(3): 283-296.

[43] Redfield A C. The biological control of chemical factors in the environment [J]. American Scientist, 1958, 46(3): 205-221.

[44] Marinho M, de Oliveira e Azevedo S. Influence of N/P ratio on competitive abilities for Nitrogen and phosphorus by Microcystis aeruginosa and Aulacoseira distans [J]. Aquatic Ecology, 2007, 41 (4): 525-533.

[45] 高丽，周健民. 磷在富营养化湖泊沉积物-水界面的循环[J]. 土壤通报, 2004, 35(4): 512-515.

[46] 韩小波，孔繁翔，阎荣. 太湖铜绿微囊藻磷摄取动力学若干重要参数与其竞争优势相关研究[J]. 湖泊科学, 2004,16(3):252-257.

[47] 马健荣，邓建明，秦伯强，等. 湖泊蓝藻水华发生机理研究进展[J]. 生态学报, 2013, 33(10): 3020-3030.

[48] 李夜光，李中奎，耿亚红，等. 富营养化水体中 N、P 浓度对浮游植物生长繁殖速率和生物量的影响[J]. 生态学报, 2006, 26(2): 317-325.

[49] 黄清辉，王磊，王子健. 中国湖泊水域中磷形态转化及其潜在生态效应研究动态[J]. 湖泊科学, 2006, 18(3): 199-206.

[50] Hino S. Fluctuation of algal alkaline phosphatase activity and the possible mechanisms of hydrolysis of dissolved organic phosphorus in Lake Barato [J]. Hydrobiologia, 1988, 157(1): 77-84.

[51] Schwab D J, Beletsky D, DePinto J, et al. A hydrodynamic approach to

modeling phosphorus distribution in Lake Erie [J]. Journal of Great Lakes Research, 2009, 35(1): 50-60.

[52] Tilman D. Resource competition between plankton algae：an experimental and theoretical approach [J]. Ecology, 1977, 58(2):338-348.

[53] 高学庆, 任久长. 铜绿微囊藻营养动力学研究[J]. 北京大学学报（自然科学版), 1994, 30(4):461-469.

[54] 谭香, 沈宏, 宋立荣. 三种水华蓝藻对不同磷浓度生理响应的比较研究[J]. 水生生物学报, 2007, 31(5):693-699.

[55] 易文利. 不同营养盐对铜绿微囊藻生长的室内模拟研究[D]. 陕西：西北农林科技大学, 2005.

[56] 易文利, 金相灿, 储昭升, 等. 不同质量浓度的磷对铜绿微囊藻生长及细胞内磷的影响[J]. 环境科学研究, 2004(S1):58-61.

[57] Droop M R. Some thoughts on nutrient limitation in algae [J]. Journal of Phycology, 1973, 9(3):264-272.

[58] 方群, 崔莉凤, 庞晓辰. 铜绿微囊藻对磷酸盐的代谢及动力学研究[J]. 环境科学与技术, 2010(9):79-81, 107.

[59] 高学庆, 任久长. 铜绿微囊藻营养动力学研究[J]. 北京大学学报(自然科学版), 1994, 30(4): 461-469.

[60] Tilman D. Resource competition between plankton algae: an experimental and theoretical approach [J]. Ecology, 1977, 58(2): 338-348.

[61] 高光, 秦伯强, 朱广伟，等. 太湖梅梁湾中碱性磷酸酶的活性及其与藻类生长的关系[J]. 湖泊科学, 2004(3):245-261.

[62] 高光，高锡芸，秦伯强，等. 太湖水体中碱性磷酸酶的作用阈值[J]. 湖泊

科学, 2000, 12(4): 353-358.

[63] Oliver, Roderick L, George Grinnell Ganf. Freshwater blooms [M]. //Brian A. Whitton and Malcolm Potts (Eds.). The Ecology of Cyanobacteria: Their diversity in time and space. The Netherlands: Kluwer Academic Publishers, 2000:149-194.

[64] Reynolds, C. S. The ecology of the planktonic blue-green algae in the North Shropshire meres [J]. Field Studies, 1971, 3 (3): 409-432.

[65] 陈翔, 禹继华, 刘杰, 等. 洪泽湖蓝藻暴发的气象条件分析[J]. 安徽农业科学, 2010, 38(15):8141-8142,8177.

[66] Wei, B, N Sugiura, T Maekawa. Use of artificial neural network in the prediction of algal blooms [J]. Water Research, 2001, 35 (8): 2022-2028.

[67] 王云鹏, 闵育顺, 傅家谟，等. 水体污染的遥感方法及在珠江广州河段水污染监测中的应用[J]. 遥感学报,2001,5(6):460-466.

[68] 陈云, 戴锦芳. 基于遥感数据的太湖蓝藻水华信息识别方法[J]. 湖泊科学,2008,20(2): 179-183.

[69] 孔维娟, 马荣华, 段洪涛, 等. 太湖秋冬季蓝藻水华 MODIS 卫星遥感监测[J].遥感应用, 2009(8):80-84, 88.

[70] 杨顶田, 陈伟民, 江晶, 等.藻类演变和发生对太湖梅梁湾水体中 NPK 含量的影响[J]. 应用生态学报, 2003,14(6):969-972.

[71] 郑建军,钟成华,邓春光,等. 试论水华的定义[J].水资源保护,2006,22(5): 45-47.

[72] ANZECC, National Water Quality Management Strategy, Policies and Principles, Australian Water Quality Guideline for Fresh and Marine Waters.

Australian and New Zealand Environment and Conservation Council, Canberra, 1992. http://www.environmeiit.gov.aU/water/publications/quality/mdex.html#nwqmsguidelines.

[73] 卢大远, 刘培刚, 范天俞, 等. 汉江下游突发“水华”的调查研究[J]. 环境科学研究, 2000, 13(2):28-31.

[74] Tang D, Kester D R, Ni I H, et al. In situ and satellite observations of a harmful algal bloom and water condition at the Pearl River estuary in late autumn 1998 [J]. Harmful Algae, 2003, 2(2): 89-99.

[75] 孔繁翔,马荣华,高俊峰,等. 太湖蓝藻水华的预防、预测和预警的理论与实践[J]. 湖泊科学,2009,21(3):314-328.

[76] Hudnell H K. Cyanobacterial Harmful Algal Blooms: State of the Science and Research Needs[M]. Berlin: Springer Press, 2008.

[77] Schindler D W, Hecky R E.Eutrophication: More Nitrogen Data Needed [J].Science, 2009(8): 721-725.

[78] Stich H B，Brinker A.Oligotrophication outweighs effects of global warming in a large，deep，stratified lake ecosystem [J].Global Change Biology, 2010(16): 877-888.

[79] Qin B Q.Progress and prospect on the eco-environmental research of Lake Taihu [J].Journal of Lake Sciences, 2009(21):445-455.

[80] O’Neil J M, Davis T W, Burford M A, et al. The rise of harmful cyanobacteria blooms: The potential roles of eutrophication and climate change [J]. Harmful Algae, 2012(14):313-334.

[81] Scheffer M. Catastrophic shifts in ecosystems [J]. Nature, 2001(413):591-596.

[82] SEPA. Nutrient criteria technical guidance manual [J]. 2000,EPA 822-B-00-002.

[83] Dodds W K, Oakes R M. A technique for establishing reference nutrient concentrations across watersheds affected by humans [J]. Limnology and Oceanography: Methods. 2004(2):333-341.

[84] Dodds W K, Carney E, Angelo R T. Determining ecoregional reference conditions for nutrients, Secchi Depth and Chlorophyll a in Kansas Lakes and Reservoirs [J]. Lake and Reservoir Management. 2006, 22(2): 151-159.

[85] ANZECCFA. Australian and New Zealand guidelines for fresh and marine water quality [J]. Australian and New Zealand Environment and Conservation Council and Agriculture and Resource Management Council of Australia and New Zealand, Canberra. 2000: 1-103.

[86] CCME. Canadian water quality guidelines for the protection of aquatic life: Phosphorus, Canadian guidance framework for the management of freshwater systems [Z]. In Canadian Council of Ministers of the Environment (ed.) Canadian Environmental quality guidelines, 2004.

[87] Paul M J, Gerritsen J. Nutrient criteria for lorida lakes: A comparison of approaches [J], Prepared by Tetra Tech, Inc. for the lorida Dept. of Environmental Protection,Tallahassee, 2002.

[88] Walker J L, Younos T,Zipper C E. Nutrients in lakes and reservoirs: a literature review for use in nutrient criteria development [J]. Virginia Water Resources Research Center, Blacksburg. 2007: 58-79.

[89] Solheim A L. Reference conditions of European lakes: indicators and methods

for the water framework directive assessment of reference conditions [J]. Draft Version. 2005(5):30.

[90] 田华，刘水斧，方伟，等. 人工湖泊滴水湖水质演变趋势及富营养化分析 [J]. 水生态学杂志, 2011(32):26-31.

[91] Redfield A C. The biological control of chemical factors in the environment [J]. American Scientist, 1958, 46(3):205-221.

[92] Marko Jarvinen, Kalevi Salonen, Jouko Sarvala, et al. The stoichiometry of particulate nutrients in Lake Tanganyika. Implications for nutrient limitation of phytoplankton [J]. Hydrobiologia, 1999(407):81-88.

[93] Hans W Paeil, N Dean Bowles. Dilution bioassays: Their application to assessments of nutrient limitation in hypereutrophic waters [J]. Hydrobiologia, 1987(146): 265-273.

[94] Paerl, H. W. Factors regulating nuisance blue-green algal bloom potentials in the lower Neuse River, N. C. Univ. NorthCarolina Water Resources Research Inst it. Report 1983, 188:48.

[95] Li X, C R Goldman, P J Richerson. Nutrient bioassays in Clear Lake: Co-limitation of iron and nitrogen to phytoplankton growth [J]. Eos, Transactions, 1996, 76(3):6-10.

[96] Martin T Dokulil, Kartrin Teubner. Cyanobacterial dominance in lakes [J]. Hydrobiologia, 2000(438):1-12.

[97] Matthew Harke, Tim Davis Christopher Gobler. Source analysis of nutrient loading and their impact on cyanobacteria dynamics in a hypereutrophic freshwater system, Lake Agawam, Southampton, NY, USA.

2008 (Report).

[98] Michacl F Piehler,Julianne Dyble, Pia H Moisander, et al. Pinckney and Hans W. Paerl. Effects of modified nutrient concentrations and ratios on the structure and function of the native phytoplankton community in the Neuse River Estuary, North Carolina, USA [J]. Aquatic Ecology, 2002(36):371-385.

[99] Barns R S K, Mann K H. Fundamentals of AquVatic Ecosystems [M]. London: Blackwell Scientific Publications. 1980:208-212.

[100] Rodusky A J, Steinman A D, East T L, et al. Periphyton nutrient limitation and other potential growth-controlling factors in Lake Okeechobee, USA[J]. Hydrobiologia, 2001(448):27-39.

[101] 金相灿,等.中国湖泊富营养化[M].北京:中国环境科学出版社,1990.

[102] 王霞,吕宪国,淑英等.松花湖富营养化发生的阈值判定和概率分析[J]. 生态学报,2006,26(12):3989- 3997.

[103] 魏徵,郑朔方,储昭升,等.应用藻类生长潜力实验的方法研究滇池藻类生长的控制因子[J].环境科学学报,2010,30(7): 1472-1478.

[104] 杨龙, 王晓燕, 王子健, 等. 富营养化水体磷阈值的动态 AGP 模拟研究[J].生态环境学报, 2009, 18(5): 1625-1630.

[105] Hecky R E,Kilham P. Nutrient limitation of phytoplankton in freshwater and marine environments: A review of recent evidence on the effects of enrichment [J]. Limnology Oceanography, 1988(33):796-822.

[106] Tenshi Ayukai. Possible limitation of the dilution technique for estimating growth and grazing mortality rates of picoplanktonic cyanobacteria in oligotrophic tropical waters [J]. Journal of Experimental Marine Biology and

Ecology, 1996(198): 101-111.

[107] An Kwang-Guk. Spatial and Temporal Variabilities of Nutrient Limitation Based on In Situ Experiments of Nutrient Enrichment Bioassay [J].Journal of Environmental Science and Health.2003,38(5):867-882.

[108] Antonio Camacho, Wayne A. Wurtsbaugh, Maria R. Miracle, Xavier Armengol and Eduardo Vicente. Nitrogen limitation of phytoplankton in a Spanish karst lake with a deep chlorophyll maximum: a nutrient enrichment bioassay approach[J]. Journal of plankton research, 2003, 25(4):397-404.

[109] Hai Xu, Hans W Paerl, Bo qiang Qin, et al. Nitrogen and phosphorus inputs control phytoplankton growth in eutrophic Lake Taihu, China [J]. Limnology & Oceanography, 2010,55(1): 420-432.

[110] 吴雪峰, 程曦, 李小平. 淀山湖浮游植物营养限制因子的研究[J]. 江流域资源与环境, 2010, 19(3): 292-298.

[111] 吴雪峰. 淀山湖浮游植物增长营养物限制初步研究[D].上海:东华大学,2010.

[112] 王菲菲,李小平,程曦,等.基于NEB实验的不同湖泊夏季营养物投入与藻类响应关系的比较:以淀山湖、小兴凯湖和洱海为例[J].湖泊科学,2012, 24(1): 51-58.

[113] Michacl F Piehler, Julianne Dyble, Pia H Moisander, et al. Pinckney and Hans W. Paerl. Effects of modified nutrient concentrations and ratios on the structure and function of the native phytoplankton community in the Neuse River Estuary, North Carolina, USA [J]. Aquatic Ecology, 2002(36):371-385.

[114] Hunter J. Carrick, Claire L. Schelske, Frederick J. Aldridge. Assessment of

Phytoplankton Nutrient Limitation in Productive Waters: Application of Dilution Bioassays [J]. Can. J. Fish. Aquat. Sci, 1993(50):2208-2221.

[115] Matthew Harke, Tim Davis Christopher Gobler. Source analysis of nutrient loading and their impact on cyanobacteria dynamics in a hypereutrophic freshwater system, Lake Agawam, Southampton, NY, USA. 2008 (Report).

[116] Walter K. Dodds. Nutrient removal bioassay methods for assessment of the effects of decreased nutrient loading on phytoplankton communities in aquatic ecosystems. 1992.

[117] Smith V H, Tilman G D, Nekola J C. Eutrophication: impacts of excess nutrient inputs on freshwater, marine, and terrestrial ecosystems [J]. Environ. Pollut, 1999(100):179-196.

[118] Li X P. Lake eutrophication research and control in USA [J]. Natural Journal, 2002, 24(2):63-68.

[119] Wang L, Robertson D M, Garrison P J. Linkages between nutrients and assemblages of macroinvertebrates and fish in wadeable streams: implication to nutrient criteria development [J]. Environmental Management. 2007,39(2): 194-212.

[120] Chambers P A, Vis C, Brua R B, et al. Eutrophication of agricultural streams: defining nutrient concentrations to protect ecological condition [J]. Water Science and Technology. 2008, 58(11): 2203-2210.

[121] 郑朔方,杨苏文,金相灿.铜绿微囊藻生长的营养动力学[J].环境科学，2005, 26(2):152-156.

[122] 吴雅丽, 许海, 秦伯强,等. 太湖春季藻类生长的磷营养盐阈值研究[J]. 中国环境科学, 2013 (9):1622-1629.

[123] Hai Xu, Hans W Paerl, Boqiang Qin, et al. Determining Critical Nutrient Thresholds Needed to Control Harmful Cyanobacterial Blooms in Eutrophic Lake Taihu, China. Environ. Sci. Technol, 2015(49):1051-1059.

[124] 地表水环境质量标准(GB 3838-2002)[S]. 北京: 国家环境保护总局, 2002.

[125] Xu F L, Tao S, Dawson R W, et al. Lake ecosystem health assessment: Indicators and methods[J]. Wat Res, 2001(35):3157-3167.

[126] Steinberg C E W，Hartmann H M. Planktonic bloom-forming cyanobacteria and the eutrophication of lakes and rivers [J]. Freshwater Biology, 1988 (20): 279-287.

[127] 丰茂武, 吴云海, 冯仕训, 等. 不同氮磷比对藻类生长的影响[J]. 生态环境, 2008, 17(5): 1759-1763.

[128] 国家环境保护总局水和废水监测分析方法编委会.水和废水监测分析方法[M]. 4版.北京:中国环境科学出版社,2002.

[129] 陈宇炜,陈开宁,胡耀辉.浮游植物 Chl-a 测定的“热乙醇法”及其测定误差的探讨[J]. 湖泊科学, 2006(18):550-552.

[130] 洪华生,戴民汉,郑效成. 海洋中碱性磷酸酶活力的测定及其在磷的循环中的作用初探[J].海洋与潮沼, 1992, 23(4):415-419.

[131] 金相灿. 湖泊富营养化调查规范[M]. 北京: 中国环境科学出版社, 1990: 275-285.

[132] 胡鸿钧,李尧英,魏印心,等.中国淡水藻类 [M]. 上海:上海科学技术出版社, 1979.

[133] 裴铁潘，于系民，金昌杰，等. 生态动力学[M]. 北京：科学出版社, 2001.

[134] lnterlandi S J, Kilham S, S. Limiting resources and the regulation of diversity in phytoplankton communities [J]. Ecology, 2001(82):1270-1282.

[135] Vollenweider R A.Elemental and biochemical composition of plankton biomass; some comments and explorations [J]. Arch.Hydrobiol., 1985(105): 11-29.

[136] Trimbee, A M Prepas, E E. Evaluation of total phosphorus as a predicator of the relative biomass of blue-green algae with emphasis on Alberta lakes[J]. Can.J. Fish. Auat. Sci., 1987(44):1337-1342.

[137] Reynolds C S.The ecology of planktonic blue-green algae in the north Shropshire meres[J].Fld Stud,1971(3):409-431.

[138] Bergman E.Changes in nutrient load and lake water chemistry in Lake Ringsjŏn, southern Sweden, from 1966 to 1996[J]. Hydrobiologia, 1999,404(10): 9-18.

[139] Rohe W. Crystallization of eutrophication concepts in North Europe. In: Eutrophication, Causes Consequences, Correctives[M].National Academy of Sciences, Washington D.C.,1969:50-64.

[140] 范成新，相崎守弘. 好氧和厌氮条件对霞浦湖沉积物-水界面氮磷交换的影响[J]. 湖泊科学, 1997. 9(4): 337-342.

[141] 范成新，杨龙元，张路. 太湖底泥及其间隙水中氮磷垂直分布及相互关系分析[J]. 湖泊科学, 2000,12(4):359-366.

[142] 方涛，敖鸿毅，刘剑彤，等.滇池水体理化环境状况时空分布格局研究[J]. 水生生物学报, 2004,28(2):124-130.

[143] 顾德宇, 汤荣坤, 余群. 大亚湾沉积物中间隙水的无磷硅氮营养盐化学[J]. 海洋学报, 1995, 17(4):73-80.

[144] 高丽, 杨浩, 周健民, 等. 滇池沉积物磷的释放以及不同形态磷的贡献[J]. 农业环境科学学报, 2004, 23(4):731-734.

[145] 高丽, 杨浩, 周健民, 等. 滇池沉积物磷内负荷及其对水体贡献的研究[J]. 环境科学学报, 2004, 24(5):776-781.

[146] 高丽, 杨浩, 周健民, 等。滇池水体和沉积物中营养盐的分布特征[J].环境科学研究, 2004, 17(4):1-4.

[147] 吴丰昌, 万国江, 黄荣贵.湖泊沉积物-水界面营养元素的生物地球化学作用和环境效应Ⅰ.界面氮循环及其环境效应[J].矿物学报, 1996, 16(4): 403-409.

[148] 王晓蓉, 华兆哲. 环境条件变化对太湖沉积物磷释放的影响[J].环境化学, 1996(1): 15-19.

[149] 何桐, 谢健, 余汉生, 等.大亚湾表层沉积物间隙水与上覆水中营养盐分布特征[J]. 环境科学学 ,2008, 28(11):2361-2368.

[150] Peterson S A. Lake restoration by sediment removal [J]. Water Resources Bulletin, 1982, 18(3): 423-435.

[151] 沈亦龙, 何品晶, 邵立明. 太湖五里湖底泥污染特性研究[J].长江流域资源与环境, 2004, 13(6):584-588.

[152] 沈亦龙. 太湖五里湖清淤效果初步分析[J].水利水电工程设计, 2005, 24(2): 23-25.

[153] 崔启武. 生物种群增长的营养动力学[M] . 北京: 科学出版社, 1991.

[154] 周易勇, 付永清.水体磷酸酶:来源、特征及其生态学意义[J].湖泊科学,

1999, 11(3): 274-279.

[155] 王海黎,洪华生.海洋环境中溶解有机磷的生物活性初探[J]. 厦门大学学报(自然科学版), 1995,34(3): 425-430.

[156] 周易勇,付永清.水体磷酸酶来源、特性及其生态学意义[J]. 湖泊科学, 1999,11(3): 274-279.

[157] Hantke B, Fleischer P, Domanyl, et al. P release from DOP by phosphatise activity in comparison to P excretion by zooplankton Studies in hardwater lakes of different trophic level [J]. Hydrobiologia, 1996(317):151-162.

[158] Gao G, Zhu G, Qin B. et al. Alkaline phosphatase activity and the phosphorus mineralization rate of Lake Taihu[J]. Sci. China, Ser. D: Earth Sci, 2006(49): 176-185.

[159] Wang X D, Qin B Q, Gao G, et al. Phytoplankton community from Lake Taihu, China, has dissimilar responses to onorganic and organic nutrients [J]. Journal of Environmental Science, 2010(22):1491-1499.

[160] Folke C, Carpenter S, Walker B, et al. Regime Shifts, Resilience, and Biodiversity in Ecosystem Management[J]. Annual Review of Ecology Evolution & Systematics, 2004, 35(1):557-581.

[161] Walker B H, Salt D. Resilience thinking: sustaining ecosystems and people in a changing world [M]. Washington: Island Press, 2006.

[162] Cabell J F, Oelofse M. An indicator frame work for assessing agroecosystem resilience [J]. Ecology and Society, 2012, 17(1):18.

[163] 王霞，吕宪国，闫伯茹，等.基于富营养化阈值的松花湖水环境容量分析[J].湖泊科学, 2006, 18(5):503-508.

[164] 杜萍, 刘晶晶, 曾江宁, 等. 长三角科技论坛-环境保护与生态文明分论坛, 2010.

[165] Conley D J, Paerl H W, Robert W, et al.Controlling Eutrophication:nitrogen and Phosphorus[J]. Science, 323(2009) :1014-1015.

[166] Dokulil M T, Teubner K. Cyanobacterial dominance in lake[J]. Hydrobiologia, 2000(438):1-12.

[167] 商兆堂,任健,秦铭荣,等. 气候变化与太湖蓝藻暴发的关系[J]. 生态学杂志,2010,29(1): 55-61.

[168] 孙伟华,刘锐,陈吕军,等. 太湖蓝藻水华成因及防治对策研究[J]. 水工业市场,2009(6):43-47.

[169] 王铭玮,徐启新,车越,等. 淀山湖蓝藻水华暴发的气象水文因素探讨[J]. 华东师范大学学报(自然科学版),2011(1):21-31.

[170] 王文兰. 风向风速对太湖蓝藻暴发影响的数值研究[R]. 苏州市气象局,2009.

[171] 罗梦森, 何浪, 彭华青. 太湖蓝藻生长发育与水坏境的关系分析[J]. 江苏农业科学,2011,39(4):483-486.

[172] 马红波, 宋金明, 吕晓霞, 等.渤海沉积物中氮的形态及其在循环中的作用[J].地球化学, 2003(1):48-54.

[173] 钱嫦萍, 陈振楼, 胡玲珍,等.崇明东滩沉积物再悬浮对沉积物的水界面氮、磷交换行为的影响[J].环境科学, 2003, 24(5):114-119.

[174] 刘碧波, 丰民义, 刘剑彤. 东湖典型区域间隙水中营养盐的时空分布[J]. 长江流域资源与环境, 2012,21(8):979-986.

[175] 顾德宇, 汤荣坤.大亚湾沉积物间隙水的无机磷硅氮营养盐化学［J］.海洋

学报, 1995(5):73-80.

[176] 李剑超, 朱光灿, 刘伟生, 等.沉积时间和温度对底泥间隙水有机污染物的影响[J]. 农业环境科学学报, 2004(23):723-726.

[177] A. Dell, Anno, M.L. Mei, A. Pusceddu, R. Danovaro. Assessing the trophic state and eutrophication of coastal marine systems: a new approach based on the biochemical composition of sediment organic matter[J].Marine Pollution Bulletin, 2002(44):611-622.

[178] Bernhard A E, Peele E R. Nitrogen limitation of phytoplankton in a shallow embayment in northern Puget Sound [J]. Estuaries, 1997, 20(4):759-769.

[179] 蒲新明,吴玉霖.浮游植物的营养限制研究进展[J].海洋科学,2000, 24(2):27-29.

[180] Thevenon F, Adatte T, Wildi W, et al. Antibiotic resistant bacteria/genes dissemination in lacustrine sediments highly increased following cultural eutrophication of Lake Geneva (Switzerland) [J]. Chemosphere, 2012(86): 468-476.

[181] 郑朔芳,杨苏文.藻类生长影响因素研究进展[C]. 湖泊有毒藻类控制与生态修复国际学术研讨会论文集, 中国无锡, 2003:397-401.

[182] 刘玉生,韩梅,梁占彬.光照、温度和营养盐对滇池微囊藻生长的影响[J].环境科学研究,1995,8(6):7-8.

[183] 孔繁翔, 胡维平, 范成新, 等. 太湖流域水污染控制与生态修复的研究与战略思考[J]. 湖泊科学, 2006, 18(3):193-198.

[184] 范成新, 秦伯强.梅梁湖和五里湖水-沉积物界面的物质交换[J].湖泊科学,1998,10(1):73-78.

[185] Golterman H L, Sediment as a source of phosphorus for algal growth in H.LL,Golterman (ed.) proc.symp. On interaction between sediments and freshwater, 1976:286-293.

[186] 杨逸萍，胡明辉．河口悬浮物中磷的化学形态分布与转化[J].台湾海峡，1995, 14(5):313-319.

[187] 黄钰铃，刘德富，陈明曦．不同流速下水华牛消的模拟[J].应用生态学报，2008, 19(10):2293-2298.

[188] 诸葛亦斯，刘德富，黄钰铃．生态河流缓冲带构建技术初探[J].水资源与水工程学报，2006, 17(2):63-67.

[189] 孙伟华，刘锐，陈吕军，等．太湖蓝藻水华成因及防治对策研究[J]．水工业市场, 2009,6: 43-47.

[190] 裘松．湖泊富营养化调查和监测的若干问题[J]．环境科学丛刊，1981, 2(5):8-18.

[191] 秦伯强，王小冬，汤祥明,等．太湖富营养化与蓝藻水华引起的饮用水危机——原因与对策[J]．地球科学进展, 2007(22):896-906.

[192] 田升平，东野脉心，周建明,等.滇池湖泊磷负荷及其对水环境的影响[J].化工矿产地质,2002,24(1): 11-16.

[193] 陈永川，汤利，谌丽，等．滇池水体中磷的时空变化特征研究[J].农业环境科学学报, 2005 24(6):1145-1151.

[194] 陈永川，汤利，张德刚,等．滇池沉积物总磷的时空变化特征研究[J]．农业环境科学学报, 2007, 26 (1):51-57.

[195] 陈永川，张德刚，汤利．滇池水体氮的时空变化与藻类生长的关系[J]．农业环境科学学报, 2010, 29 (1):139-144.

[196] 杨逢乐, 金竹静. 滇池北岸河流水环境污染现状及防治对策研究［J］. 环境科学导刊, 2008, 27(6):43-46.

[197] 胥勤勉, 杨达源, 董杰,等. 滇池水环境治理的“调水”“活水”工程［J］. 长江流域资源与环境, 2006, 15(1):116-119.

[198] 徐晓梅, 李跃勋, 何佳, 等. 基于 GIS 的昆明主城区域排水系统研究及典型区域污水输移全过程分析[J]. 中国给水排水, 2011, 27(13):33-37.

[199] 邹立, 张经. 渤海春季营养盐限制的现场实验[J]. 海洋与湖沼, 2001, 32(6):672-678.

[200] 陈宇炜,高锡云. 西太湖北部微囊藻时空分布及其与光温等环境因子关系的研究[M].//蔡启铭,太湖环境生态研究(一). 北京:气象出版社,1998.

[201] Walsby A E, Booker M J. Changes in buoyancy of a planktonic blue-green alga in response to light intensity[J]. Br. phycol . J. 1980(15):311-319.

[202] Wilder H B, Slack L J. Summary of data on chemical quality of streams of North Carolina, 1943-67 . U.S . Geological Survey Water Supply Paper. 1971. 1895-B, 236 pp.

[203] Robarts, R . D. Factors controlling primary production in a hypertrophic lake (Hartespoort Dam, South Africa) [J]. J. Plankton Res, 1984(20):426-433.

[204] 江东福, 翟苹, 马萍, 等. 滇池干雨季水和底泥的化学监测及其放线菌群[J].云南大学学报(自然科学版), 1985(S1):112-122.